AF318339

UNIVERSITÉ DE NANCY

FACULTÉ DE DROIT

DES

DROITS DES ENFANTS NATURELS

Légalement reconnus dans la Succession de leurs Père et Mère

d'après la Loi du 25 Mars 1896

THÈSE POUR LE DOCTORAT

L'Acte public sur les matières ci-dessus
sera soutenu le Mardi, 27 Juin 1899, à 4 heures du soir

PAR

François BALLET

AVOCAT A LA COUR D'APPEL DE NANCY

Président : M. BINET, professeur.
Suffragants : M. BLONDEL, professeur,
M. BEAUCHET, professeur.

NANCY
IMPRIMERIE ADMINISTRATIVE L. KREIS, RUE SAINT-GEORGES, 51
1899

THÈSE

POUR LE DOCTORAT

FACULTÉ DE DROIT DE NANCY

ANNÉE SCOLAIRE 1898-1899

Doyen : M. LEDERLIN, ✳, I Ⓞ.
Doyen honoraire : M. JALABERT, ✳, I Ⓞ.
Professeur honoraire : M. LOMBARD (Ad.), ✳, I Ⓞ.
MM. LEDERLIN, ✳, I Ⓞ, Professeur de Droit romain, Chargé du
    Cours de Pandectes et du Cours d'Histoire du Droit. (Droit
    français étudié dans ses origines féodales et coutumières.)
    LIÉGÉOIS, I Ⓞ, Professeur de Droit administratif et Chargé
    du Cours d'Histoire des Doctrines économiques.
    BLONDEL, I Ⓞ, Professeur de Code civil et Chargé du
    Cours de Principes du Droit public et de Droit constitu-
    tionnel comparé.
    BINET, I Ⓞ, Professeur de Code civil et Chargé du Cours
    d'enregistrement.
    GARNIER, I Ⓞ, Professeur d'Economie politique et Chargé
    du Cours de Législation financière.
    MAY, I Ⓞ, Professeur de Droit romain et Chargé du Cours
    de Pandectes et du Cours de Droit international public
    (Doctorat).
    GARDEIL, I Ⓞ, Professeur de Droit criminel, et Chargé du
    Cours de Législation et Economie industrielles.
    BEAUCHET, I Ⓞ, Professeur de Procédure civile et Chargé
    du Cours de Procédure civile (Voies d'exécution), et du
    Cours de Législation et Economie coloniales.
    BOURCART, I Ⓞ, Professeur de Droit commercial.
    GAVET, I Ⓞ, Professeur d'Histoire du Droit.
    CHRÉTIEN, I Ⓞ, Professeur de Droit international public
    et privé.
    CARRÉ ᴅᴇ MALBERG, A Ⓞ, Professeur de Droit constitu-
    tionnel et administratif.
    GAUCKLER, I Ⓞ, Professeur de Code civil.
    MELIN, Docteur en droit, Chargé de Conférences.
    RENARD, Docteur en Droit, Chargé de Conférences.
    LACHASSE, I Ⓞ, Docteur en Droit, Secrétaire honoraire.
    VALEGEAS, A Ⓞ, Docteur en Droit, Secrétaire.

La Faculté n'entend ni approuver ni désapprouver

les opinions particulières du candidat.

FACULTÉ DE DROIT

DES

DROITS DES ENFANTS NATURELS

Légalement reconnus dans la Succession de leurs Père et Mère
d'après la Loi du 25 Mars 1896

THÈSE POUR LE DOCTORAT

L'Acte public sur les matières ci-dessus
sera soutenu le Mardi, 27 Juin 1899, à 4 heures du soir

PAR

François BALLET

AVOCAT A LA COUR D'APPEL DE NANCY

Président : M. BINET, professeur.

Suffragants : M. BLONDEL, professeur.
M. BEAUCHET, professeur.

NANCY
IMPRIMERIE ADMINISTRATIVE L. KREIS, RUE SAINT-GEORGES, 51
1899

A MON PÈRE

A MA MÈRE

BIBLIOGRAPHIE

———

I. Ouvrages d'ensemble sur le Code civil.

Aubry et Rau . — Cours de droit civil français.

Baudry-Lacantinerie. — Précis de droit civil.

Baudry-Lacantinerie et Wahl. — Traité théorique et pratique de droit civil. Des successions.

Baudry-Lacantinerie et Colin. — Traité théorique et pratique de droit civil. Des donations et testaments.

Demante. — Cours analytique de Code civil, continué depuis l'article 980 par Colmet de Santerre.

Demolombe. — Cours de Code Napoléon.

Duranton. — Cours de droit français suivant le Code civil.

Huc. — Commentaire théorique et pratique du Code civil.

Laurent. — Principes de droit civil français.

Marcadé et Pont.— Explication théorique et pratique du Code Napoléon.

II. Jurisprudence.

Dalloz. — Répertoire méthodique et alphabétique de législation, de doctrine et de jurisprudence.

Jurisprudence générale, recueil périodique et critique de jurisprudence de législation et de doctrine.

Sirey. — Recueil général des lois et des arrêts en matière civile, criminelle, administrative et de droit public.

2   BIBLIOGRAPHIE

III. Traités spéciaux sur la loi du 25 mars 1896.

ALARD (Paul). — De la condition et des droits des enfants naturels. Paris, Thorinet fils 1896.

BINET (E). — Etude de droit civil et fiscal sur la loi du 25 mars 1896. — Revue de l'Enregistrement, des hypothèques, du timbre et du domaine. (Année 1898, t. VII, art. 1567).

BUGAND (Amédée). — Droits de succession des enfants naturels. Larose, 1898.

CAMPISTRON (L). — Des droits successoraux des enfants naturels reconnus, d'après la loi du 25 mars 1896. A. Rousseau, 1896.

COULON (Henri). — De la condition des enfants naturels reconnus dans la succession de leurs père et mère. Marchal et Billard, 1896.

DUCROCQ (Maxime). — Etude sur la loi du 25 mars 1896 relative aux droits des enfants naturels dans la succession de leurs père et mère. Lille, Le Bigot, 1897.

GÉRARD (Edouard). — Droits de succession des enfants naturels. (Loi du 25 mars 1896). Paris, Rousseau, 1897.

GÉRARD (Maurice). — Des droits successoraux des enfants naturels. Montpellier, Firmin et Montane, 1897.

GOGUET (M). — Des droits des enfants naturels légalement reconnus dans la succession de leurs père et mère. (Loi du 25 mars 1896). Paris, Larose, 1897.

GRIMOD (Georges). — Etude historique des droits des enfants naturels reconnus, dans la succession de leurs père et mère et commentaire de la loi du 25 mars 1896. Paris, Larose, 1898.

HENRY (Paul). — Commentaire de la loi du 25 mars 1896. Revue du Notariat et de l'Enregistrement.

MARRAUD (Edouard). — De l'incapacité des enfants naturels de recevoir à titre gratuit de leurs auteurs. Bordeaux, Cadoret, 1897.

MESNARD (E). — Commentaire de la loi du 25 mars 1896.

Lois nouvelles. Revue de législation et de jurisprudence. 1896, 1ᵉ partie, pages 177 et s.

Poilroux (Georges). — Etude sur les droits des enfants naturels dans la succession de leurs père et mère ; d'après le Code civil et la loi du 25 mars 1896. Rousseau, 1897.

Robin (Maurice). - De la nature juridique et de la quotité des droits des enfants naturels dans la succession de leurs père et mère. (Loi du 25 mars 1896). Poitiers, Oudin, 1897.

Vigié (A). — Loi du 25 mars 1896. Revue critique de législation et de jurisprudence, 1896 page 270 et s.

IV. *Journal officiel* de la République française.

INTRODUCTION

———

HISTORIQUE DE LA LOI DU 25 MARS 1896.

———

La question des droits héréditaires des enfants
naturels reconnus dans la succession de leurs
père et mère, que la loi du 25 mars 1896 vient
de régler à nouveau, n'avait pas été agitée au
Parlement français depuis la promulgation du
Code civil. Malgré les nombreuses critiques
adressées à l'œuvre du législateur de 1804, les
enfants naturels ne trouvaient pas de défenseur
qui prit leur cause en mains, et portât à la tri-
bune leurs légitimes revendications.

Grâce à l'initiative de MM. les députés Letellier, Jullien et Rivet, auxquels se joignirent
MM. les sénateurs Demôle et Tolain, la loi du
25 mars 1896 vient enfin d'apporter une amélio-

ration sensible à la condition, autrefois si dure, des enfants naturels.

Le Code civil, refusant aux enfants naturels la qualité d'héritiers, ne les appelait que comme successeurs irréguliers à la succession de celui de leurs auteurs qui les avait reconnus. Il ne leur attribuait qu'un droit restreint dont la quotité variait suivant la qualité des héritiers avec lesquels ils venaient en concours (articles 756 et 757 anciens), droit qui pouvait cependant s'étendre à la totalité de l'hérédité, quand le *de cujus* ne laissait aucun parent légitime du degré successible, venant effectivement à la succession (article 758 ancien).

Ces dispositions, œuvre de transaction entre les principes du droit ancien et ceux du droit intermédiaire, avaient soulevé de vives protestations. On reprochait au législateur de 1804 d'avoir refusé la qualité d'héritier à l'enfant naturel, d'avoir réduit sa part outre mesure en présence d'enfants légitimes et d'avoir appelé les collatéraux jusqu'au douzième degré à concourir avec lui.

On demandait la suppression des dispositions qui frappaient l'enfant naturel de l'incapacité de rien recevoir de ses auteurs, par donation entre vifs ou par testament, au-delà de sa part héréditaire (article 908 ancien) et qui l'obligeaient a imputer sur cette part tout ce qu'il en avait reçu de leur vivant (article 760 ancien). Il en était de même des dispositions qui soumettaient l'enfant naturel à l'obligation de se faire envoyer en possession, et à des mesures vexatoires (art. 773 ancien) et qui permettaient à ses auteurs de le réduire à la moitié de sa part héréditaire au moyen d'une donation entre vifs (art. 761 ancien).

Vers le milieu du siècle, un courant d'opinion se produisit en faveur de l'enfant naturel. Sous l'influence de publicistes, tels qu'Emile de Girardin (1), et d'auteurs dramatiques tels qu'Alexandre Dumas (2), la question remise à l'ordre du jour s'imposa de nouveau à l'attention du législateur. Malheureusement, ce mouvement échoua devant les préjugés et l'indifférence, c'était la confirmation de ce qu'Alexandre Dumas écrivait dans la préface du *Fils naturel :* « Nombre de « gens bien assis dans la vie et bien tranquilles « dans le monde m'assurent que c'est là un des « derniers moulins à vent de Don Quichotte. »

Et cependant, la nécessité d'une réforme se faisait de plus en plus sentir.

« Etant donné l'obscurité et les lacunes des « textes législatifs, de nouvelles difficultés étaient

____

(1) *Questions philosophiques. — La liberté dans le mariage.*
(2) *Le fils naturel. — M. Alphonse. — Lettre à M. Rivet.*

« nées. Pour les résoudre la doctrine et la juris-
« prudence hésitaient entre la maxime *in dubio*
« *pro liberis naturalibus*, inspirée par les règles
« de l'équité et la maxime opposée *in dubio contra*
« *liberos naturales*, plus conforme à l'esprit du
« Code (1). »

De plus, les pays qui avaient emprunté à la France son Code civil étaient sur le point de le modifier dans un sens favorable aux enfants naturels, plusieurs mêmes avaient déjà accompli cette réforme.

L'art. 790 de l'avant-projet du Code belge, par M. Laurent, est ainsi conçu : « Les enfants naturels dont la filiation est légalement établie, ont les mêmes droits que les enfants légitimes dans la succession de leurs père et mère et des parents de leurs père et mère. Les descendants légitimes ou naturels de l'enfant jouissent des mêmes droits (2). »

En Italie, l'enfant naturel concourt avec les descendants et les ascendants légitimes et avec le conjoint, mais il exclut les frères et sœurs. L'enfant naturel et le conjoint sont préférés à tous les collatéraux.

---

(1) Aubry et Rau, T. VI, § 604, note 1.
(2) Tome IX, § 104.

A Genève, la loi du 5 septembre 1894 a supprimé toute distinction successorale entre les enfants adultérins, incestueux et naturels simples. Ils sont héritiers d'une quote-part de la succession, en présence d'enfants légitimes ou du père et de la mère du *de cujus*. Ils excluent les collatéraux et peuvent recevoir par donation entre vifs ou testamentaire comme les autres enfants.

En Hollande, l'enfant naturel est héritier depuis la réforme du Code civil français, en 1838, et a droit à une réserve fixée invariablement à la moitié de sa part *ab intestat*. Aucune incapacité ne le frappe en matière de libéralités.

En Espagne, l'enfant naturel exclut tous les collatéraux depuis la promulgation du Code de 1889. Il a droit à une réserve fixée au tiers de sa part et peut recevoir des libéralités par actes entre vifs ou testamentaires.

Enfin, le Code portugais est de tous celui qui fait à l'enfant illégitime la plus large part. D'après l'article 1900 « Si l'enfant illégitime, légitimé « ou reconnu, n'est pas en concours avec des des- « cendants légitimes, il succède à la totalité des « biens de ses père et mère. »

La France ne pouvait tarder plus longtemps à réformer dans un esprit de justice et d'humanité, les dispositions de son Code civil relatives aux enfants naturels.

Le 22 octobre 1888 (1), MM. Letellier, Jullien et Rivet, déposèrent sur le bureau de la Chambre des députés, une proposition de loi destinée à améliorer la condition des enfants naturels, qui, de l'avis du rapporteur, M. Jullien, pouvait se résumer dans un article unique ainsi conçu :

« Les enfants naturels légalement reconnus « héritent de leurs père et mère ou de l'un d'eux « seulement, si l'autre ne les a pas reconnus, de « la même manière que les enfants légitimes, et « toutes les dispositions édictées en faveur de « ceux-ci aux titres des successions, des dona- « tions et des testaments, leur sont applicables (2).»

C'était l'assimilation des enfants naturels aux enfants légitimes que l'exposé des motifs justifiait en ces termes :

«.Un mal existe, qui grandit sans cesse sous nos yeux : c'est l'existence avec ses effets inhérents à notre législation, de nombreux enfants illégitimes. Le Code civil a voulu réglementer cette matière de façon à limiter le trouble que pouvait amener dans notre société la présence de

---

(1) J. O. *Doc. Parlem.*, Chambre 1888, p. 554, annexe 3081.
(2) J. O. *Doc. Parlem.*, Chambre 1896, p. 25, annexe 1750.

cet élément irrégulier. Le législateur a cru pouvoir atteindre la faute des parents en soumettant leurs enfants naturels à un régime extrêmement sévère. Malheureusement, le but a été manqué ; au lieu d'atténuer, au moins en partie, les conséquences d'une situation fausse qu'il n'a pu supprimer, le législateur les a aggravées en creusant un fossé infranchissable entre ce qui est régulier et ce qui ne l'est pas. En d'autres termes, par suite d'une erreur de la loi, les enfants naturels sont des coupables que l'on écarte avec rigueur, au lieu d'être regardés comme des êtres innocents de la faute d'autrui, et par cela seul, dignes de sollicitude......

« Il n'est plus permis aujourd'hui de nier l'injustice de la doctrine biblique qui fait porter aux générations le poids des crimes de l'aïeul, doctrine qui a cependant inspiré depuis tant de siècles les lois de tous les pays qui ont hérité des coutumes de l'ancien monde. »

Critiquant ensuite l'échelle des droits successoraux des enfants naturels, l'exposé des motifs ajoutait : « On se demande dans le système de l'article 757, quel cas fait la loi de l'affection présumée du défunt : le père est réputé avoir pour son enfant naturel le tiers, la moitié ou les trois quarts de l'affection qu'il aurait pour un enfant légitime, suivant la qualité des autres parents

qu'il laisse à son décès. N'est-il pas certain que
si l'on suivait le principe d'affection qui est la
règle en matière de succession, l'enfant naturel
ne viendrait pas en concours avec des collatéraux
au douzième degré ».....

Quant à la disposition de l'ancien article 908,
qui édictait l'incapacité de l'enfant naturel de
rien recevoir par donation entre vifs ou testament au delà de ce qui lui était accordé au titre
des successions, l'exposé des motifs la qualifiait
de « Disposition aussi injuste que dangereuse,
car elle tend à écarter les reconnaissances d'enfants naturels que le législateur devrait au contraire encourager comme venant atténuer un
mal grave, et elle tend à traiter des enfants
cependant absolument étrangers à la faute que
l'on veut réprimer, d'une façon plus désavantageuse même que s'ils étaient étrangers à ceux qui
leur ont donné le jour. »

La proposition de MM. Letellier, Jullien et
Rivet fut renvoyée à la Commission d'initiative
parlementaire le 26 mars 1889 et prise en considération. Le 6 juin suivant, M. Letellier déposait
un rapport sommaire au nom de cette commission (1).

____

(1) J. O. *Doc. Parlem.*, Chambre 1889, p. 1184, annexe 3783.

La Chambre étant arrivée à l'expiration de son mandat, la proposition de loi fut reprise par ses auteurs et déposée par eux à la séance du 18 mars 1890 (1). Le projet fut de nouveau renvoyé à la Commission d'initiative parlementaire qui déposa son rapport le 24 juillet 1890 (2).

Pris en considération le 3 février 1891, une commission spéciale dont faisait partie M. Jullien fut chargée de son examen. M. Jullien ayant été nommé rapporteur, déposa son rapport le 16 novembre 1891 (3).

La commission, tout en reconnaissant qu'il convenait d'améliorer la condition des enfants naturels, repoussait l'assimilation proposée. Elle avait substitué à la proposition de MM. Letellier, Jullien et Rivet, un texte qui attribuait à l'enfant naturel reconnu la qualité d'héritier, et lui donnait la moitié de la part qu'il aurait eue s'il avait été légitime, lorsqu'il se trouvait en concours avec des descendants légitimes du défunt. — En présence d'ascendants, il prenait la moitié de la succession en pleine propriété et l'autre moitié en nue propriété; l'usufruit de cette

----

(1) J. O. *Doc. Parlem.*, Chambre 1890, p. 506, annexe 459.
(2) J. O. *Doc. Parlem.*, Chambre 1890, p. 1630, annexe 866.
(3) J. O. *Doc. Parlem.*, Chambre 1891, p. 2773, annexe 1733.

seconde moitié formait la réserve des ascendants et se joignait, à leur décès, à la nue propriété entre les mains de l'enfant naturel.

L'enfant naturel excluait complètement les collatéraux, même les frères et sœurs. Une réserve, dont la quotité était déterminée, lui était formellement reconnue. Il ne pouvait toujours rien recevoir par donation entre vifs, au delà de sa part *ab intestat*, mais il était autorisé à recevoir des legs, à condition que la libéralité n'excédât pas une part d'enfant légitime le moins prenant. Un mode de calcul destiné à déterminer le montant de la part de l'enfant naturel était consacré par la loi. Enfin les articles 760-761 et 773 étaient abrogés.

La Chambre, dans ses séances des 10 mai et 21 juillet 1893, vota le projet sans discussion, et suivant l'expression de M. Demôle, comme un projet de loi d'intérêt local.

Le 21 juillet 1893, le projet fut transmis au Sénat (1), mais la Chambre ayant été soumise à la réélection du mois d'août suivant, une deuxième transmission eut lieu le 17 janvier 1894 (2).

Deux sénateurs, MM. Demôle et Tolain, reprirent alors au Sénat la proposition de MM. Letel-

---

(1) J. O. *Doc. parlem.*, Sénat 1893, p. 700, annexe 326.
(2) J. O. *Doc. parlem.*, Sénat 1894, p. 3, annexe 6.

lier, Jullien et Rivet, et le 19 février 1894, ils déposèrent, sur le bureau du Sénat, un contre-projet assimilant les droits des enfants naturels reconnus, dans la succession de leurs père et mère, à ceux des enfants légitimes (1).

Le projet voté par la Chambre et celui déposé par MM. Demôle et Tolain, furent renvoyés par le Sénat à une Commission dont M. Dauphin fut nommé rapporteur. Le 24 janvier 1895, M. Dauphin déposa son rapport (2).

La Commission du Sénat repoussait la proposition de MM. Demôle et Tolain, pour trois raisons principales :

1° L'assimilation des enfants naturels aux enfants légitimes, est de nature à désorganiser la famille et à déconsidérer le mariage.

2° Si on assimile les enfants naturels simples aux enfants légitimes, sous prétexte que la loi ne doit pas frapper des innocents, on est logiquement obligé d'assimiler encore à ces derniers, ceux qui naîtront d'un commerce adultérin ou incestueux.

3° Il n'est pas juste qu'un enfant naturel, reconnu avant ou après le mariage, vienne béné-ficier des avantages de la communauté, à sa dis-

------

(1) J. O. *Doc. parlem.*, Sénat 1894, p. 64, annexe 20.
(2) J. O. *Doc. parlem.*, Sénat 1895, p. 3, annexe 6.

solution, et partage également avec l'enfant issu de l'union légitime, les économies réalisées pendant le mariage et qui peuvent être dues à la fortune, à l'ordre, à la bonne administration, ou au travail du conjoint.

La Commission proposait un nouveau texte du projet, élaboré par la Commission de la Chambre, projet qu'elle avait modifié sur les points suivants :

L'enfant naturel n'exclut pas les collatéraux privilégiés et leurs descendants légitimes. La part de l'enfant naturel en concours avec eux, est fixée aux 3/4 de la succession.

Au lieu de la moitié en usufruit à laquelle il avait droit en présence d'ascendants, son droit est des 3/4 en pleine propriété. La réserve des ascendants n'est plus de moitié, mais de 1/8 en pleine propriété.

La réserve de l'enfant naturel, au lieu d'être d'une quotité déterminée, se calcule en observant la proportion qui existe entre la portion qui lui est attribuée dans le cas de succession *ab intestat*, et celle qu'il aurait s'il était légitime.

Enfin le mode de calcul destiné à déterminer le montant de la part de l'enfant naturel n'est pas conservé.

Ce projet fut discuté et adopté en première et seconde délibération au cours des séances des

18-19-21-22-25 mars 1895, 21 et 27 juin suivants (1).

M. Demôle soutint son projet avec une éloquence persuasive et répondit aux objections de la Commission du Sénat par une vigoureuse argumentation (2).

« Conclure des devoirs du père ou de la mère naturels à l'obligation d'imposer avec égalité parfaite leurs enfants illégitimes à ceux qui naîtront de justes noces, écrivait M. le sénateur Dauphin dans son rapport, c'est sacrifier un intérêt supérieur et général à des situations particulières et exceptionnelles, détourner des unions légitimes, encourager le désordre des mœurs et provoquer des discordes et des haines au milieu desquelles le lien du sang, sous le prétexte d'être plus largement respecté, risquerait de se relâcher et de se rompre (3) ».

A cette première objection, M. Demôle répondit : « Par le fait de la naissance, par le fait de cette circonstance qu'un homme a donné le jour à un enfant, est-ce qu'entre cet enfant et lui il ne s'établit pas, au moins au point de vue qui nous

____

(1) J. O. *Doc. parlem.*, Sénat 1895, p. 195 à 239 et 654 à 683.
(2) J. O. 18 mars 1895, p. 198 et s.
(3) J. O. *Doc. parlem.*, Sénat 1895, p. 3, ann. 8.

occupe, une famille d'un ordre supérieur, des droits et des devoirs absolument respectables?

« Est-ce qu'il n'y a pas là une situation que la nature elle-même a faite? Est-ce que le père qui a proclamé que l'enfant tient de lui le jour, n'est pas tenu à son égard de toutes les obligations de la paternité? Et vous voulez que l'enfant, auquel il ne peut ménager ses soins et sa tendresse, quand il viendra à perdre son père, ne jouisse pas dans cette famille particulière dont je viens de parler, des mêmes droits que l'enfant né du mariage?.....

« Organiser la famille sur les bases du mariage lui-même, c'est très bien, mais à côté de cette nécessité, il y en a certainement une autre d'un ordre supérieur, c'est qu'il faut respecter les droits naturels, les droits que le seul fait de la naissance confère à cet enfant et les devoirs qu'il impose au père.....

« Avez-vous la naïveté de croire qu'en refusant aux enfants naturels la part qui leur revient dans la succession paternelle, vous allez diminuer le nombre de ce qu'on appelle les unions libres? Vous imaginez-vous que les naissances illégitimes décroîtront, parce que vous aurez consacré dans une proposition de loi les règles du droit civil sur la dévolution des successions? Mais c'est le contraire qui se produira, puisque, comme je viens de l'indiquer, depuis 1804, le nombre des unions et des naissances illégitimes a toujours été en augmentant. »

Passant ensuite à l'examen de la seconde objection faite à son projet, M. Demôle y répondit : « L'honorable rapporteur dit dans son exposé, que nous seront forcés, par une logique implacable, après avoir assimilé les enfants naturels aux enfants légitimes, d'assimiler encore à ces derniers, ceux qui naîtront d'un commerce incestueux ou adultérin. Il y a là un étrange abus de raisonnement. Il faut s'entendre sur la portée des mots : les enfants nés d'un commerce illégitime. Les unions libres n'ont jamais été considérées comme faits délictueux; que la morale les réprouve, je le veux bien, et je suis de votre avis, mais enfin cela est permis et licite.....

« En est-il de même pour les enfants nés de l'inceste et de l'adultère? Mais l'inceste et l'adultère sont des faits délictueux. L'adultère est puni de peines correctionnelles..... L'inceste entre proches parents, entre le père et la fille, entre le frère et la sœur, est nettement réprouvé par les dispositions mêmes de la loi qui interdisent toute possibilité de mariage entre eux. Vous voyez donc bien qu'à la base de la naissance d'un enfant adultérin ou incestueux, il y a un fait délictueux, je dirai même criminel, et que par conséquent, quelque pitié, quelque générosité que j'éprouve pour l'enfant innocent qui naît de ce commerce, je ne peux cependant pas m'y arrêter, parce qu'il y a un intérêt moral et supérieur à ce que des enfants nés dans des conditions que la loi réprouve, dont elle ne veut pas entendre parler, ne jouissent pas des avantages de ceux qui sont nés dans des conditions où la loi n'a rien à voir. »

Enfin, M. Dauphin ayant objecté qu'il serait anormal d'autoriser l'enfant naturel à profiter des biens d'une communauté dissoute par la mort de celui de ses auteurs qui l'a reconnu, alors que bien souvent cette communauté s'est enrichie grâce au travail ou à la fortune de l'autre conjoint, M. Demôle répliqua :

« Cette théorie sur l'origine des fortunes pour en attribuer la dévolution est complètement bannie par nos lois ; il est impossible de soutenir que, quand un homme meurt, il faille savoir d'où vient sa fortune, pour en attribuer la dévolution. La fortune qu'il laisse va aux héritiers que la loi lui attribue, à ceux qui sont présumés avoir la plus grande part de son affection. Elle ne va qu'à eux, sans que l'on ait besoin de savoir si elle provient des libéralités d'un parent plus ou moins éloigné qui a voulu favoriser l'établissement du *de cujus*. »

Malgré cette réfutation énergique du rapport

de M. Dauphin, la majorité du Sénat repoussa le projet de M. Demôle.

Le Ministre de la Justice, M. Trarieux, avait cru devoir faire connaître l'opinion du Gouvernement et s'était énergiquement prononcé contre l'assimilation des enfants naturels aux enfants légitimes : « Le jour où les enfants naturels auraient, au foyer de leurs parents et dans l'ordre héréditaire, une place égale à celle des enfants légitimes, avait-il dit, il n'y aurait plus entre l'union libre et le mariage, que l'épaisseur d'un parchemin. »

Le projet de loi élaboré par la Commission du Sénat, fut adopté par le Sénat et renvoyé à la Chambre des Députés, le 6 juillet 1895 (1).

Adopté sans discussion en première et seconde délibération, par la Chambre des députés, dans ses séances des 5 et 21 mars 1896 (2), ce projet est devenu la loi du 25 mars 1896 (3).

---

(1) J. O. *Doc. parlem.*, Chambre 1895, p. 839, annexe 1457.
(2) J. O. *Doc. parlem.*, Chambre 1896, p. 384 et p. 571.
(3) J. O. 28 mars 1896, p. 1733.

TEXTE DE LA LOI

Loi relative aux droits des enfants naturels reconnus dans la succession de leurs père et mère. — 25 mars 1896.

Le Sénat et la Chambre des députés ont adopté,
Le Président de la République promulgue la loi dont la teneur suit :

ARTICLE PREMIER. — Il est créé au Chapitre III du Titre premier du Livre III du Code civil, une section VI avec le titre : « Des successions déférées aux enfants naturels légalement reconnus et des droits de leurs père et mère dans leur succession. »

Cette section VI contiendra les articles suivants :

« Art. 756. — La loi n'accorde de droits aux enfants naturels sur les biens de leur père ou mère décédés, que lorsqu'ils ont été légalement reconnus. Les enfants naturels légalement reconnus sont appelés en qualité d'héritiers à la succession de leur père ou de leur mère décédés.

« Art. 757. — La loi n'accorde aucun droit aux enfants naturels sur les biens des parents de leur père ou de leur mère.

« Art. 758. — Le droit héréditaire de l'enfant naturel dans la succession de ses père ou mère, est fixé ainsi qu'il suit :

« Si le père ou la mère a laissé des descendants légitimes, ce droit est de la moitié de la portion héréditaire qu'il aurait eue s'il eût été légitime.

« Art. 759. — Le droit est des trois quarts, lorsque les père ou mère ne laissent pas de descendants, mais bien des ascendants ou des frères ou sœurs ou des descendants légitimes de frères ou sœurs.

Art. 760. — L'enfant naturel a droit à la totalité des biens lorsque ses père ou mère ne laissent ni descendants ni ascendants, ni frères ou sœurs, ni descendants légitimes de frères ou sœurs.

« Art. 761. — En cas de prédécès des enfants naturels, leurs enfants ou descendants peuvent réclamer les droits fixés par les articles précédents,

« Art. 762. — Les dispositions des articles 756, 758, 759 et 760 ne sont pas applicables aux enfants adultérins ou incestueux.

« La loi ne leur accorde que des aliments.

« Art. 763. — Ces aliments sont réglés eu égard aux facultés du père et de la mère, au nombre et à la qualité des héritiers légitimes.

« Art. 764. — Lorsque le père ou la mère de l'enfant adultérin ou incestueux lui auront fait apprendre un art mécanique, ou lorsque l'un d'eux lui aura assuré des aliments de son vivant, l'enfant ne pourra élever aucune réclamation contre leur succession.

« Art. 765. — La succession de l'enfant naturel décédé sans postérité est dévolue au père ou à la mère qui l'a reconnu, ou, par moitié, à tous les deux, s'il a été reconnu par les deux. »

Les articles 756 à 765 du Code civil sont abrogés.

ARTICLE DEUXIÈME. — La section première du chapitre IV du titre Ier du livre III est intitulée : « Des droits des frères et sœurs sur les biens des enfants naturels. »

Elle contiendra uniquement l'article 766 du Code civil :

« Art. 766. — En cas de prédécès des père et mère de l'enfant naturel décédé sans postérité,

les biens qu'il en avait reçus passent aux frères
et sœurs légitimes, s'ils se retrouvent en nature
dans la succession ; les actions en reprises, s'il
en existe, ou le prix des biens aliénés, s'il est
encore dû, retournent également aux frères et
sœurs légitimes. Tous les autres biens passent
aux frères et sœurs naturels ou à leurs descendants. »

ARTICLE TROISIÈME. — L'article 908 du Code
civil est modifié ainsi qu'il suit :

« Art. 908. — Les enfants naturels légalement
reconnus ne pourront rien recevoir par donation
entre vifs au-delà de ce qui leur est accordé au
titre des successions. Cette incapacité ne pourra
être invoquée que par les descendants du donateur, par ses ascendants, par ses frères et sœurs
et les descendants légitimes de ses frères et sœurs.

« Le père ou la mère qui les ont reconnus
pourront leur léguer tout ou partie de la quotité
disponible, sans toutefois qu'en aucun cas, lorsqu'ils se trouvent en concours avec des descendants légitimes, un enfant naturel puisse recevoir
plus qu'une part d'enfant légitime le moins prenant.

« Les enfants adultérins ou incestueux ne pourront rien recevoir par donation entre vifs ou par
testament au-delà de ce qui leur est accordé par
les articles 762, 763 et 764. »

Article quatrième. — Il est ajouté à l'article 913 du Code civil un paragraphe 2 ainsi conçu :

« L'enfant naturel légalement reconnu a droit à une réserve. Cette réserve est une quotité de celle qu'il aurait eue s'il eût été légitime, calculée en observant la proportion qui existe entre la portion attribuée à l'enfant naturel au cas de succession *ab intestat*, et celle qu'il aurait eue dans le même cas s'il eût été légitime. »

Il est ajouté au même article 913 un troisième paragraphe reproduisant l'article 914 du Code civil, modifié ainsi qu'il suit :

« Sont compris dans le présent article, sous le nom d'enfants, les descendants à quelque degré que ce soit. Néanmoins, ils ne sont comptés que pour l'enfant qu'ils représentent, dans la succession du disposant. »

L'article 915 du Code civil prendra le numéro 914.

Article cinquième. — L'art. 915 (nouveau) sera libellé ainsi qu'il suit :

« Art. 915. — Lorsque, à défaut d'enfants légitimes, le défunt laisse à la fois un ou plusieurs enfants naturels, et des ascendants dans les deux lignes ou dans une seule, les libéralités par actes entre vifs et par testament ne pourront excéder la moitié des biens du disposant s'il n'y a qu'un enfant naturel, le tiers s'il y en a deux, le quart s'il y a trois ou un plus grand nombre. Les biens ainsi réservés seront recueillis par les ascendants jusqu'à concurrence d'un huitième de la succession, et le surplus par les enfants naturels. »

ARTICLE SIXIÈME. — Les articles 723 et 724 du Code civil sont modifiés ainsi qu'il suit :

« Art. 723. — La loi règle l'ordre de succéder entre les héritiers légitimes et les héritiers naturels. A leur défaut, les biens passent à l'époux survivant et, s'il n'y en a pas, à l'Etat.

« Art. 724. — Les héritiers légitimes et les héritiers naturels sont saisis de plein droit des biens, droits et actions du défunt, sous l'obligation d'acquitter toutes les charges de la succession, l'époux survivant et l'Etat doivent se faire envoyer en possession. »

ARTICLE SEPTIÈME. — L'article 773 du Code civil est abrogé.

ARTICLE HUITIÈME. — L'article 53 de la loi des 28 avril et 4 mai 1816 est modifié ainsi qu'il suit :

« L'enfant naturel légalement reconnu, appelé à la succession *ab intestat* ou testamentaire de son auteur, sera considéré, quant à la quotité du droit, comme enfant légitime. »

DISPOSITION TRANSITOIRE.

ARTICLE NEUVIÈME. — Toute réclamation sera

interdite à l'enfant naturel lorsqu'il aura reçu du vivant de ses père et mère, avant la date de la promulgation de la présente loi, la moitié de ce qui lui est attribué par les articles 758, 759, 760 et 761 précédents, avec déclaration expresse de leur père ou mère que leur intention est de réduire l'enfant naturel à la portion qu'ils lui ont assignée. Dans le cas où cette portion serait inférieure à la moitié de ce qui devrait revenir à l'enfant naturel, il ne pourra réclamer que le supplément nécessaire pour parfaire cette moitié.

En ce qui concerne le calcul de la réserve des enfants naturels, la présente loi sera applicable à toutes les libéralités faites antérieurement à sa promulgation.

ARTICLE DIXIÈME. — La présente loi est applicable à toutes les colonies où le Code civil a été promulgué.

La présente loi délibérée et adoptée par le Sénat et par la Chambre des députés, sera exécutée comme loi d'Etat.

Fait à Paris, le 25 mars 1896.

FÉLIX FAURE.

Par le Président de la République :

Le garde des sceaux, Ministre de la justice,

L. RICARD.

CHAPITRE PREMIER

Conditions exigées par la loi pour que l'enfant naturel puisse hériter de ses père et mère.

Aux termes du nouvel article 756, la loi n'accorde de droits aux enfants naturels sur les biens de leur père ou mère décédés que lorsqu'ils ont été légalement reconnus. Cette disposition, reproduite de l'ancien article 756 subordonne les droits héréditaires de l'enfant naturel à la condition qu'il aura été légalement reconnu et l'oblige à en administrer la preuve.

La filiation, base du système successoral du Code civil, n'est en effet constatée dans la famille naturelle que par la reconnaissance. Peu importe que cette reconnaissance soit volontaire de la part du père ou de la mère, c'est-à-dire qu'elle ait été faite spontanément dans l'acte de naissance de l'enfant naturel, ou postérieurement dans un acte authentique — ou qu'elle soit forcée, c'est-à-dire établie par la justice sur la demande de l'enfant, vis-à-vis de la mère, suivant l'article 341 du Code civil, ou vis-à-vis du père dans l'hypothèse exceptionnelle de l'article 340. Dans ces deux cas, l'enfant se trouve légalement reconnu, et par suite la condition imposée par l'article 756 se trouve réalisée.

Certains auteurs dénient cependant à la reconnaissance forcée les effets de la reconnaissance volontaire (1). Se basant sur la place occupée par l'article 338 qui précède les articles traitant de la reconnaissance judiciaire et sur cette affirmation gratuite que la reconnaissance judiciaire présente moins de garantie que la reconnaissance volontaire, ces auteurs n'accordent que des aliments à l'enfant judiciairement reconnu. La doctrine et la jurisprudence (2) se

---

(1) Merlin, *Répertoire*, t. XVIII, v. *Succession*, section II, § 2, art. 1 et aussi *Questions de droit*, t. IV, v. *Maternité*, p. 291. — Toullier, t. IV, n° 247, p. 148.

(2) Demolombe, t. V, n°ˢ 538 et 539, t. XIV, n° 13 *bis*. — Demante, t. III, n° 74 *bis*. — Duranton, t. III, n° 255. — Baudry-Lacantinerie, *Précis*, t. I, n° 187. — Baudry-Lacantinerie et Wahl : *Successions*, t. I, n° 603. — Laurent, t. IX, n° 108. — Huc, t. V, n° 92. — Vigié, t. I, n° 134. — Aubry et Rau, t. VI, n° 567. — Civ. Cassat. 16 juin 1847 (Dalloz, P. 1847, 1, 265). — Paris, 30 juin 1851 (D. P. 1852, 2, 264). — Montpellier, 24 février 1873 (Sirey, 1874, 2, 65). — Toulouse, 25 juillet 1863 (Sirey, 1864, 2, 137).

sont depuis longtemps prononcées en sens contraire et le silence du législateur de 1896 a consacré ce principe.

L'enfant naturel peut donc réclamer sa part dans la succession de ses père et mère, en se prévalant soit d'un acte de reconnaissance, soit d'un jugement constatant son état.

La reconnaissance ne crée de lien qu'entre l'auteur de qui elle émane et l'enfant qui en bénéficie : Il n'entre pas dans la famille de son auteur. Le nouvel article 757 qui reproduit textuellement la partie finale de l'ancien article 156 est en effet ainsi conçu : « La loi n'accorde aucun droit aux enfants naturels sur les biens des parents de leur père ou de leur mère. » Le législateur de 1896 a estimé comme celui de 1804, que, contrairement à ce qu'avait admis la Convention, le lien qui unit l'enfant naturel à ses auteurs, ne l'unit pas aux parents de ceux-ci et par la conception générale de l'article 757 a décidé que l'enfant naturel ne succède ni aux parents légitimes ni aux parents naturels de ses père et mère. N'ayant pas l'aptitude requise pour succéder à ces parents, il ne peut par conséquent pas être appelé à leur succession par représentation de ses auteurs décédés, mais ses descendants légitimes peuvent le représenter dans la succession de ses père et mère.

L'article 766 établit toutefois une dérogation importante au principe posé dans l'article 757 en instituant des droits réciproques de succession entre les frères et sœurs naturels. Les frères et sœurs naturels du défunt devront donc établir sa filiation pour réclamer son hérédité. Il en est de même pour ses frères et sœurs légitimes qui pourront à cette condition reprendre les biens qui lui avaient été donnés par leurs parents communs.

Mais pour que la reconnaissance produise ses effets, il faut qu'elle ait été faite dans les formes et conditions prescrites par les articles 334 et suivants du Code civil : Par exemple, la preuve de la filiation ne serait pas établie par un acte sous seings privés, même vis-à-vis de la mère, bien qu'une reconnaissance faite en cette forme puisse servir de base à une action en recherche de maternité.

Il faut également tenir compte de l'époque à laquelle la reconnaissance est intervenue pour que l'enfant puisse se prévaloir des droits qui lui sont accordés par la loi.

La jurisprudence et la majorité des auteurs (1), décident qu'un enfant naturel, seulement conçu,

---

(1) Req. rejet, 13 juillet 1886. (*Pandectes françaises*, rec. mens. 1886, I, 207. — Aubry et Rau, VI, §.568, 70.

peut être valablement reconnu, même avant sa naissance. La reconnaissance possède un effet rétroactif au jour de la conception en vertu de l'adage : *infans conceptus pro nato habetur, quoties de commodis ejus agitur ;* elle est la manifestation légale de ce fait que l'enfant naturel est le fils naturel de telle ou telle personne.

La reconnaissance volontaire peut avoir lieu également après le décès de l'enfant naturel, quand il laisse des descendants légitimes. L'article 759 dit en effet : En cas de prédécès de l'enfant naturel, ses enfants ou descendants peuvent réclamer les droits fixés par les articles précédents (1). La jurisprudence (2) reconnaît même la validité d'une semblable reconnaissance, quand l'enfant naturel est décédé sans postérité, alors que la preuve de la filiation naturelle ne peut plus profiter qu'à l'auteur de la reconnaissance lui-même. La doctrine est divisée sur ce point.

Bien que l'article 756 n'accorde de droit aux enfants naturels que lorsqu'ils ont été légalement

___

(1) Demolombe, t. V, n° 416. — Marcadé, art. 334, n° 2. — Aubry et Rau, t. VI, § 605, p. 163, texte et notes 30 et 31. — Laurent, t. IV, n° 43.

(2) Lyon. 26 février 1875 (Sirey, 1877, 2, 18). — Paris, 6 mai 1876 (Sirey, 1877, 2, 19). — Poitiers, 27 décembre 1882 (Sirey, 1883, 2, 188). — Contra : Paris, 26 avril 1852 (D, 1853, 2, 181).

reconnus, on admet généralement que l'enfant peut faire reconnaître judiciairement sa filiation après le décès de ses auteurs et exercer les droits qui en résultent. L'article 756 a statué dans le cas le plus usuel, et c'est du reste le fait de la génération dûment constatée qui crée le droit de succession (1).

Le Code civil admet donc, en principe, que la reconnaissance peut se produire valablement à toute époque. Toutefois l'article 337 apporte à cette règle une exception importante. Aux termes de l'article 337 la reconnaissance faite pendant le mariage par l'un des époux au profit d'un enfant naturel qu'il aurait eu avant son mariage, d'un autre que de son époux, ne pourra nuire ni à celui-ci, ni aux enfants nés de ce mariage.

Bigot-Préameneu justifiait ainsi cette disposition dans l'exposé au Corps législatif, le 22 ventôse, an XI : « Il ne peut pas dépendre de l'un des époux de changer, après le mariage, le sort de sa famille légitime, en appelant les enfants naturels qui demanderaient une part dans les biens. Ce serait violer la foi sous laquelle le mariage aurait été contracté. »

Le législateur de 1896 a maintenu cette dispo-

____

(1) Demante, t. III, n° 74 *bis*, 4. — Demolombe, t. XIV, n°s 15 et 16 *bis*.

sition qui n'atteint, ainsi que nous allons le voir, que très imparfaitement le but proposé : « Il y a là, dit M. Demôle, un intérêt supérieur, c'est le respect des conventions ; et l'article 337 de ce chef est bien rédigé, il ne doit pas être modifié (1). »

La rédaction de cet article a donné lieu à une vive controverse ; les mots : « reconnaissance faite..... par l'un des époux » indiquent nettement disent certains auteurs, que l'article 337 ne vise que la reconnaissance volontaire (2). Ils ajoutent qu'il n'y a dans la reconnaissance judiciaire aucun manque de foi et que par conséquent les motifs qui ont inspiré l'article 337 font défaut. La jurisprudence a adopté l'opinion opposée estimant avec raison que les motifs qui ont divisé l'article 337 subsistaient dans les deux cas et que le législateur a statué de *eo quod plerumque fit* (3).

Trois conditions sont requises pour que l'article 337 soit applicable :

---

(1) Séance du 18 mars 1895, Sénat : *Journal Officiel*, page 200.

(2) Toullier, *Droit civil français*, t. II, n° 958. — Demante, t. II, n° 72 *bis*. — Laurent, t. IV, p. 196, n° 130.

(3) Demolombe, t. V, n° 466. — Aubry et Rau, t. VI, § 568, quater, page 187, notes 17 et 18. — Cassat. 19 novembre 1856. D. P. 56, 1, 412. — Cassat., 16 décembre 1861. D. P. 1862, 1, 39.

1° Il faut que la reconnaissance ait été faite pendant le mariage. Faite avant le mariage, alors même qu'elle aurait été tenue secrète, la reconnaissance produirait donc tous ses effets (1). C'est là, il est vrai, un moyen facile d'éluder la loi, mais comme l'article 337 est une exception au principe de la reconnaissance, il doit être interprêté restrictivement. M. Demôle, qui voulait conserver cet article sans le modifier, proposa au Sénat (2) de décider que toute reconnaissance devrait être inscrite en marge de l'acte de naissance de son auteur, afin d'en assurer la publicité. Cette proposition bien que favorablement accueillie par le Sénat fut cependant rejetée, M. Dauphin, rapporteur, ayant fait observer qu'elle serait mieux placée dans un ensemble de dispositions ayant pour objet la constitution du casier civil. De même l'article 337 ne serait pas applicable au cas où la reconnaissance aurait eu lieu après la dissolution du mariage par un époux veuf ou divorcé, quand même il existerait des enfants issus de ce mariage. C'est du moins l'opinion générale, car la question est controversée (3).

---

(1) Demolombe, t. V, n° 463.
(2) J. O. 19 mars 1895, D. P. Sénat, p. 200 et 202.
(3) Demolombe, t. V, n° 461. — Marcadé, art. 337, n° 4. — Aubry et Rau, t. VI § 568, quater page 186 et note 15. — Lau-

2º Il faut que l'enfant naturel reconnu par l'un des époux soit né d'une autre personne que son époux.

3º Enfin, il faut qu'il existe des enfants issus du mariage ou bien que l'époux de l'auteur de la reconnaissance lui survive. C'est ce qui résulte de la partie finale de l'article 337 : « Néanmoins, elle (la reconnaissance) produira son effet après la dissolution de ce mariage, s'il n'en reste pas d'enfants. » Bien qu'il ne soit pas question de l'époux survivant, on estime généralement qu'il y a là une faute de rédaction et que cette finale ne peut-être en contradiction avec la première partie de l'article (1).

La reconnaissance faite dans les conditions déterminées par l'article 337 ne produit donc pas ses effets, lorsqu'ils pourraient nuire au conjoint de l'auteur de cette reconnaissance ou aux enfants issus de ce mariage, mais elle n'est pas pour cela frappé de nullité. Elle conserve tous ses effets

------

rent, t. IV, nº 129. — Rej. Cassat., 6 janvier 1808 (Sirey, t. II, 1, 467). — Paris, 23 janvier 1860 (Sirey, 1860, 2, 118). — Pau, 17 janvier 1872 (D. P. 1875, 2-193). — Douai, 27 janvier 1879 (D. P. 1880, 2, 113). — Dijon, 7 mai 1879 (D. P. 1880, 2, 213).

(1) Cassat. 18 mai 1878, D. P., 78, 1, 401. — Baudry et Wahl, *Successions*, I, nº 659. — Demolombe : *Successions*, I, nº 475. — Aubry et Rau, t. VI, § 568. — Labbé, note sous l'arrêt ci-dessus cité. *Successions*, 79, 1, 337.

ordinaires qui ne sont pas en opposition avec les droits du conjoint et des enfants légitimes. Cette reconnaissance reste pleinement efficace vis-à-vis des autres personnes. Elle donne à l'enfant naturel le droit de porter le nom de son auteur et elle fait naître au profit de ce dernier les droits résultant de la puissance paternelle.

Elle permet à l'enfant naturel de recueillir la succession de son auteur, même en présence du conjoint survivant, lorsque celui-ci se trouve primé par des parents du *de cujus* au degré successible et se trouve réduit par la loi de 1891 à un droit d'usufruit de la moitié de biens de la succession. L'enfant naturel, dans ce cas, viendra en concours avec ces parents, qu'il pourra même exclure, s'il y a lieu.

Au contraire, s'il n'y a pas de parents au degré successible, le conjoint étant appelé par la loi à recueillir la totalité de la succession, exclura l'enfant naturel.

Bien que le conjoint et les enfants légitimes ne puissent pas être lésés par la reconnaissance visée dans l'article 337, la doctrine et la jurisprudence accordent à l'enfant naturel reconnu pendant le mariage un droit de créance alimentaire contre l'ascendant auquel il est rattaché. Cette pension alimentaire est une dette de la succession qui doit être acquittée par les héritiers comme les autres dettes, et réduit par conséquent la part du conjoint ou des enfants légitimes. La loi accordant des aliments aux enfants adultérins et aux enfants incestueux ne peut, en effet, en refuser aux enfants naturels simples, même lorsqu'ils ont été reconnus pendant le mariage.

CHAPITRE DEUXIÈME

**Nature du droit de l'enfant naturel dans la
succession de ses père et mère.**

Le nouvel article 756 est ainsi conçu : « La loi
n'accorde de droits aux enfants naturels sur les
biens de leurs père et mère, que lorsqu'ils ont été
légalement reconnus. Les enfants naturels légalement reconnus sont appelés en qualité d'héritiers à la succession de leur père ou de leur mère
décédés. »

Le législateur de 1896, en concédant formel·
lement aux enfants naturels reconnus la qualité d'héritiers, a posé au début de son œuvre, un
principe entièrement opposé à celui du Code civil
de 1804 et mis fin à une controverse célèbre.

L'ancien article 756 portait en effet : « Les

enfants naturels ne sont point héritiers, » sans caractériser la nature du droit que la loi leur accordait. L'enfant naturel était-il copropriétaire de la succession avec les héritiers légitimes, ou n'avait-il qu'un droit de créance contre la succession pour se faire délivrer la part fixée dans l'ancien article 757, telles étaient les deux questions que le silence du Code permettait de se poser.

D'après les travaux préparatoires du Code civil, il semble bien que ce droit n'était qu'un droit de créance. Ce mot figure, en effet, dans plusieurs articles du projet primitif présenté par la Commission du gouvernement le 24 thermidor an VIII, mais fut supprimé à la demande de Cambacérès, sans être remplacé par un autre qualificatif. L'enfant naturel n'étant pas héritier, n'avait d'après cette doctrine qu'un simple *jus ad rem* comme les autres successeurs irréguliers.

Cette première doctrine était peu défendue et la plupart des auteurs, ainsi que la jurisprudence, reconnaissaient à l'enfant naturel un véritable droit de propriété qui, sauf la quotité, était de même nature que le droit des héritiers. S'appuyant, principalement sur la suppression du mot créance dans le texte définitif du Code, et sur les termes des articles 756 et 757 qui reconnaissaient à l'enfant naturel un droit « sur les biens », donc un *jus in re*, et lui donnaient une portion du droit qu'il aurait eu s'il eut été légitime ; cette seconde doctrine avait fini par triompher (1).

La nouvelle rédaction de l'art. 756, en consacrant les principes déjà admis, a rendu toute discussion désormais impossible à ce sujet : Les enfants naturels reconnus sont héritiers.

Le rapporteur de la loi au Sénat, M. Dauphin, s'exprimait ainsi à ce sujet : « Dans ces circonstances, il n'a point paru bon à votre commission de conserver entre les enfants légitimes et les enfants naturels, une distinction sans intérêt pratique qui hérisse la matière de difficultés, et n'est plus qu'un stigmate et une manifestation législative de mépris. »

« La filiation des enfants naturels est aussi certaine que celle des enfants légitimes : la preuve

---

(1) Demolombe, t. XIV, n° 27. — Aubry et Rau, t. VI, p. 622, § 605 et p. 687, § 638, note 2. — Lyon-Caen, note Sirey, 1874, 2, 65. — Garsonnet, *Traité de procédure*, t. II, p. 408, § 305, note 13. — Laurent, t. IX, n° 120. — Demante et Colmet de Santerre, t. III, n° 74 *bis*, II. — Huc, t. V, n° 91. — Baudry-Lacantinerie et Wahl. *Traité théorique et pratique de Droit civil. — Des successions*, t. I, n° 607, p. 322.

Paris, 30 juin 1851, D. 52, 2, 264. — Montpellier, 24 février 1873, Sirey, 1874, 2, 65. — Cassation, 1er mars 1875, Sirey, 1875, 1, 200. — Annecy, 24 décembre 1887. *Pandectes françaises,* 1888, 2, 59. — Paris, 24 juin 1886. *Pandectes françaises*, 1886, 2, 212. Contra : Seine. Sirey, 1852, 2, 360.

Journal Officiel, 27 avril 1895. Sénat, annexe n° 8, page 4.

en est aussi authentique ; la perspective de conférer la qualité d'héritier par la reconnaissance, n'a rien qui puisse encourager les unions libres plus que le droit de reconnaissance lui-même, et ce n'est pas la qualité d'héritier qui fera entrer plus avant l'enfant naturel dans la famille où sa place dépendra de la volonté du père ou de la mère et des sentiments des frères et sœurs, plus que d'un mot inséré dans un article du Code civil. ».....

« La question en elle-même de l'hérédité à accorder à l'enfant naturel, n'a soulevé ni à la Chambre, ni au Sénat, des débats. Tout le monde a été prêt à reconnaître qu'il fallait faire disparaître les obscurités et les controverses, et l'assimilation, en tant que principe, des enfants naturels reconnus et des enfants légitimes, a été inscrite dans la nouvelle loi. »

Par suite de l'attribution de la qualité d'héritiers aux enfants naturels, diverses modifications ont dû être introduites dans l'intitulé de plusieurs Sections du Chapitre IV du Titre des Successions. Le Code Civil de 1804, après avoir traité des Successions légitimes dans le Chapitre III du Titre : Des successions, consacrait un Chapitre IV aux Successions irrégulières. Les articles 756 à 765 faisaient autrefois partie de la Section première de ce Chapitre IV. Cette Section avait pour titre :

« Des droits des enfants naturels sur les biens de leurs père et mère et de la succession aux enfants naturels décédés sans postérité. » Ces articles forment maintenant une Section II, ajoutée au Chapitre III « des divers ordres de succession » sous la rubrique : « Des successions déférées aux enfants naturels légalement reconnus et des droits de leurs père et mère dans leur succession. » (Art. 756 à 765.)

La première Section de l'ancien Chapitre IV, avec le titre nouveau : « Des droits des frères et sœurs dans la succession des enfants naturels, est réduit au seul article 766, également modifié. Des innovations ont été introduites dans les articles 908, 913 et 915; les articles 723 et 724 ont été modifiés; enfin l'article 773 a été abrogé.

L'enfant naturel ayant été déclaré héritier dans le nouvel article 756, il devenait nécessaire de mettre les articles 723 et 724 d'accord avec ce principe.

L'ancien article 723 portait : « La loi règle l'ordre de succéder entre les héritiers légitimes. A leur défaut, les biens passent aux enfants naturels, ensuite à l'époux survivant; et s'il n'y en a pas, à l'Etat. La loi nouvelle l'a remplacé par le texte suivant : « La loi règle l'ordre de succéder entre les héritiers légitimes et les héritiers naturels. A leur défaut, les biens passent à l'époux survivant et, s'il n'y en a pas, à l'Etat ».

Ainsi disparaît la contradiction qui existait dans les articles 723 et 757, dont le premier n'appelait les enfants naturels qu'à défaut d'enfants légitimes, alors que le second les faisait concourir avec les enfants légitimes. Comme l'a fait remarquer M. Dauphin, les enfants naturels ne sont pas assimilés aux enfants légitimes « car il ne saurait y avoir d'héritiers légitimes en dehors de la famille », mais ils forment une nouvelle catégorie d'héritiers absolument distincte de celle des successeurs irréguliers : celle des héritiers naturels, à laquelle le nouvel article 724 confère la saisine.

Nouvel article 724 : « Les héritiers légitimes et les héritiers naturels sont saisis de plein droit des biens, droits et actions du défunt, sous l'obligation d'acquitter toutes les charges de la succession. L'époux survivant et l'Etat doivent se faire envoyer en possession. »

Sous l'empire du Code civil de 1804, les enfants naturels étaient assimilés à l'époux survivant et à l'Etat, ils n'avaient pas la saisine et devaient se faire envoyer en possession par la Justice, suivant les formes indiquées par les articles 769 à 772, auxquels renvoyait l'article 773, aujourd'hui abrogé.

Ces formalités sont les suivantes :

1. Apposition des scellés et inventaire dans les formes prescrites pour les successions bénéficiaires (art. 769).

2. Demande d'envoi en possession adressée au tribunal du lieu où la succession s'est ouverte ; le tribunal ne statuant qu'après trois publications et affiches et le ministère public entendu (art. 770).

3. Obligation de faire emploi du mobilier ou de donner caution suffisante, pour en assurer la restitution au cas où des héritiers légitimes se présenteraient dans le délai de trois ans (art. 771).

4. Le tout prescrit à peine de dommages intérêts au profit des héritiers, s'il s'en présente (art. 772).

Ainsi que le disait M. Dauphin dans son rapport « L'envoi en possession n'est d'ailleurs d'aucune utilité, il a au contraire, en certains cas, pour conséquence nécessaire et désastreuse d'obliger l'enfant naturel à faire emploi du mobilier, à donner caution et à supporter la flétrissure d'affiches et de publications dans les journaux, qui révèlent un état-civil souvent soigneusement caché jusque-là. Votre commission vous propose donc de donner à l'enfant naturel la qualité d'héritier du père ou de la mère qui l'ont reconnu. »

Cette opinion fut accueillie sans opposition et

par suite de la nouvelle rédaction de l'article 724, l'enfant naturel n'est plus soumis aux formalités des articles 769 et 772, sauf dans les cas où les héritiers légitimes y sont eux-mêmes astreints.

L'enfant naturel étant saisi, continue la personne du *de cujus* et acquiert au point de vue actif l'exercice de tous les droits compris dans la succession, de même qu'au point de vue passif, il est exposé à l'exercice de ces mêmes droits.

Il peut désormais se mettre en possession des biens héréditaires, sans autorisation, et cette prise de possession empêcherait un héritier légitime ayant renoncé, de revenir sur sa renonciation, contrairement à ce qui était admis précédemment (1).

Si l'on admet avec quelques auteurs (2) que la prescription de l'article 789 a pour résultat de maintenir le *statu quo*, de fixer définitivement sur la tête du successible saisi la qualité d'héritier, en lui faisant perdre la faculté de renoncer, cette solution doit naturellement s'appliquer à l'enfant naturel qui reste trente ans dans l'inaction.

---

(1) Demolombe, t. XIII, n° 156. — Bordeaux, 15 janvier 1848, Sirey, 1848, 2, 263.

(2) Demolombe, t. XIV, n° 315. — Marcadé, art. 789. — Demante III, n° 110 *bis* V. — Baudry-Lacantinerie, t. II, n° 188. En sens contraire : Laurent.

C'est en vertu du principe que la prescription consolide un état de choses préexistant que ces auteurs soutenaient, sous l'empire de l'ancien article 724, qu'au bout de 30 ans, l'enfant naturel perdait le droit de demander l'envoi en possession et demeurait définitivement étranger à la succession.

Cette théorie n'est pas celle de la jurisprudence, qui décide, au contraire, que l'inaction prolongée d'un successible, fût-il saisi, lui enlève définitivement la qualité d'héritier et la faculté d'agir en pétition contre des successibles qui sont en possession même depuis moins de trente ans (1).

L'enfant naturel a le droit d'exiger sa part en nature des biens, de requérir toutes les mesures qui ont pour but de constater et de conserver les objets et les valeurs dont se compose l'hérédité : apposition et levée des scellés, inventaire ; de concourir au partage ou de le provoquer, de prendre part au tirage au sort des lots, de demander la resciscion du partage pour cause de lésion de plus du quart; d'obliger les héritiers copartageants au rapport, de profiter des fruits, de l'accroissement; de revendiquer à l'égard des

____

(1) Cassation 23 janvier 1855 (D. 1855. I. 116); 13 juin 1855 (D. 1855. I. 253) ; 29 janvier 1862 (D. 1862. I. 273) ; 28 février 1881 (D. 1881. I. 195).

tiers les biens qui font partie de la succession, de recevoir des débiteurs du *de cujus*, avant le partage, sa part des créances héréditaires ; d'exercer le retrait successoral, etc...

Toutes ces conséquences de la qualité d'héritier était généralement admises sous l'empire du Code civil, sauf par les auteurs qui ne reconnaissaient à l'enfant naturel qu'un droit de créance.

La loi de 1896 a consacré ces solutions et les controverses ne sont plus possibles à ce sujet.

L'enfant naturel étant héritier est soumis à l'obligation de supporter sur ses biens personnels toutes les dettes et charges de la succession : « Les héritiers naturels sont saisis de plein droit..... sous l'obligation d'acquitter toutes les charges de la succession. » Avant la loi du 25 mars 1896, la solution contraire prévalait ; M. Demolombe seul, donnait déjà cette solution : « Il ne résulte pas de l'article 724, disait-il, que l'obligation d'acquitter toutes les charges de la succession ne dérive que de la saisine légale ; ce qui en dérive, c'est qu'elle résulte, si l'on veut de la saisine ; or le successeur irrégulier, de même que le légataire à titre universel, est saisi lorsqu'il a obtenu l'envoi en possession ou la délivrance (1). »

---

(1) Demolombe, t. XIII, n° 160.

C'est effacer toute distinction entre les héritiers légitimes et les successeurs irréguliers, ainsi que le dit M. Laurent (1). « Le texte de l'article 724 est décisif. C'est le seul qui impose à une catégorie de successeurs l'obligation de payer toutes les charges de la succession; et il n'impose cette obligation aux héritiers légitimes, que parce qu'ils sont saisis de tous les biens, droits et actions du défunt. La conséquence est incontestable : ceux qui ne sont pas saisis ne représentent pas le défunt, ils ne sont donc pas tenus de toutes les charges de la succession, c'est-à-dire qu'ils ne sont pas tenus *ultra vires*. »

Le texte du nouvel article 724 a fait cesser cette controverse. Déclaré continuateur de la personne du *de cujus*, l'enfant naturel, pour éviter d'acquitter les dettes de la succession *ultra vires* sans la répudier, ne devra l'accepter que sous bénéfice d'inventaire.

Enfin la qualité d'héritiers accordée aux enfants naturels entraîne plusieurs conséquences, au point de vue fiscal.

1. Ils sont tenus solidairement entre eux et avec les héritiers légitimes dont ils subissent le concours, au paiement des droits de mutation par

----

(1) Laurent, t. XI, n° 58.

décès. Or il n'en était pas de même avant la loi de 1896, puisqu'ils n'étaient que de simples successeurs irréguliers.

2. Le délai pour souscrire la déclaration court contre les enfants naturels à dater de l'ouverture de la succession, tandis que pour les successeurs irréguliers, on admet généralement que les six mois courent de l'envoi en possession ou de la prise de possession de fait.

3. L'article 8 de la loi du 25 mars 1896, porte que « l'article 53 de la loi des 28 avril, 4 mai 1816, est modifié ainsi qu'il suit : « L'enfant naturel légalement reconnu, appelé à la succession *ab intestat* ou testamentaire de son auteur, sera considéré quant à la quotité du droit, comme enfant légitime. » La loi des 28 avril, 4 mai 1816, disposait que l'enfant naturel et le conjoint survivant, appelés à la succession à défaut de parents légitimes, étaient considérés comme personnes non parentes, pour la fixation des droits de succession, c'est-à-dire, assujettis au droit de 9 %. Cependant la Cour de Cassation avait décidé de ne faire payer à l'enfant naturel que les droits de mutation établis en ligne directe, lorsqu'il était appelé par testament, à la succession de son père ou de sa mère.

L'article 8 de la loi nouvelle décide que désormais le tarif afférant aux mutations en ligne directe, soit 1 %, devra être appliqué à tous les cas où l'enfant naturel sera appelé à recueillir la succession de son père ou de sa mère.

Conformément au principe de la non-rétroactivité des lois en matière fiscale, l'application des dispositions nouvelles est restreinte aux successions ouvertes à compter de la promulgation de la loi (1).

La loi nouvelle qui donne à l'enfant naturel la qualité d'héritier de ses père et mère, ne lui accorde aucun droit sur les biens des parents de ses père et mère. L'article 757 (nouveau) n'a fait que reproduire en cela la partie finale de l'ancien article 756. MM. Letellier, Jullien et Rivet, n'avaient pas osé pousser les conséquences de l'assimilation des enfants naturels aux enfants légitimes jusqu'à faire entrer les enfants naturels dans la famille de leurs auteurs. La reconnaissance, dit-on, ne crée de lien qu'entre l'enfant illégitime et son auteur qui l'a reconnu. Il n'existe aucun lien de parenté entre cet enfant et les parents de ses père et mère, et par conséquent il serait injuste d'imposer aux ascendants ou aux collatéraux, la participation à leurs successions de personnes qui n'ont avec eux

____

(1) *Revue de l'Enregistrement*, 1898, t. 7, p. 6.

aucun lien naturel ou civil. De plus, le principe qui règle l'ordre des successions ne permet pas l'assimilation de l'enfant naturel à l'enfant légitime (1). Mais comme le fait très justement remarquer M. Gérard (2) : ll n'y aurait cependant pas lieu, logiquement, de faire sur ce point une différence entre l'enfant naturel et l'enfant légitime de celui qui s'est marié malgré l'interdiction de ses parents, au moins si l'on considère la dévolution de la succession *ab intestat*, comme basée sur la volonté présumée du défunt.

N'ayant pas l'aptitude à recueillir les successions des parents de ses père et mère, l'enfant naturel, ne peut pas recueillir ces successions par représentation de ses auteurs. Mais comme il est réputé personne non parente vis-à-vis des parents légitimes ou naturels de ses père et mère, il peut en recevoir des dons et legs comme un étranger.

-----

(1) Goguet : *Des droits des enfants naturels*, p. 92.
(2) Gérard : *Des droits de succession des enfants naturels*, p. 88, note.

CHAPITRE TROISIÈME

Quotité du droit de l'enfant naturel.

La quotité du droit héréditaire de l'enfant naturel était ainsi fixée sous le régime du Code civil de 1804 :

« Si le père ou la mère a laissé des descendants légitimes, ce droit est d'un tiers de la portion héréditaire que l'enfant naturel aurait eue, s'il eût été légitime ; il est de moitié lorsque les père ou mère ne laissent pas de descendants, mais bien des ascendants ou des frères ou sœurs ; il est des trois quarts lorsque les père ou mère ne laissent ni descendants ni ascendants, ni frères ni sœurs. » (Art. 757.) Une jurisprudence bien établie ajoutait : ou descendants de frères ou sœurs (1). L'enfant naturel ne recueillait la totalité des biens laissés par ses père et mère qu'à défaut de parents au degré successible.

Le législateur de 1896 a respecté le système établi par le Code civil pour la fixation de la part héréditaire de l'enfant naturel, mais il a élevé la quotité de cette part, jugée insuffisante.

« Article 758. — Si le père ou la mère a laissé des descendants légitimes, il est de la moitié de la portion héréditaire qu'il aurait eue s'il eût été légitime.

« Article 759. — Il est des trois quarts, lorsque les pères ou mère ne laissent pas de descendants, mais bien des ascendants ou des frères ou sœurs ou des descendants légitimes de frères ou sœurs.

Article 760. — L'enfant naturel a droit à la totalité des biens lorsque ses père ou mère ne laissent ni descendants, ni ascendants, ni frères ou sœurs, ni descendants légitimes de frères ou sœurs. »

Avant d'aborder l'étude de ces articles, il est nécessaire d'examiner une question déjà débattue sous l'empire du Code civil et que la nouvelle loi n'a pas tranchée. Les textes des nouveaux

---

(1) *Cassation civ.*, 2 mai 1888, Sirey 88, I, 217 et 5 juin 1893. — Sirey, 93, I, 348.

articles 758 et 759 ont reproduit les termes de
l'ancien article 757 : « Si le père ou la mère a
laissé..... lorsque les père ou mère ne laissent
pas. » C'est de ce terme obscur « laissé » qu'est
née la controverse : Pour déterminer la quotité
du droit de l'enfant naturel faut-il tenir compte
de la qualité de tous les parents légitimes qui
existent au moment où s'ouvre la succession, ou
faut-il tenir compte seulement de ceux qui
viennent en recueillir une part. En un mot,
faut-il considérer comme inexistants les renonçants et les indignes ?

Les partisans du système qui admet que l'on
doit tenir compte même des renonçants et des
indignes, enseignent que le mot « laisser » ne
permet pas de distinguer entre les parents qui
viennent à la succession et ceux qui n'y viennent
pas. La part héréditaire de l'enfant naturel est
irrévocablement fixée au moment du décès, quel
que soient les événements postérieurs.

La doctrine presque toute entière enseigne le
système contraire. On ne doit tenir compte que
des héritiers venant à la succession, les renonçants et les indignes étant censés n'avoir jamais
été héritiers (art. 785) (1).

---

(1) Toullier, t. IV, nº 255. — Duranton, t. VI, nᵒˢ 274 et 285.
P. Pont. *Revue critique*, t. XIV, année 1859, p. 1 et s. et note

La jurisprudence semble, au contraire, adopter le premier système. De nombreuses décisions judiciaires, bien que se rapportant à un cas très différent du nôtre, celui où l'enfant naturel se trouve en présence d'un légataire universel, disposent d'une façon générale que les droits successoraux de l'enfant naturel se déterminent d'après l'état de la famille de son auteur, au moment du décès (1).

Ainsi que le fait observer M. Poilroux, dans son étude sur les droits des enfants naturels, page 72 : « Ce système conduit à des conséquences qui doi- « vent le faire rejeter. Supposons, dit-il, que le « défunt laisse, outre l'enfant naturel, des « parents au degré successible, tous indignes ou « renonçants. Si l'on adopte l'opinion de la juris-

---

dans Sirey 1847, 1, 785. — Demolombe, t. XIV, n⁰ˢ 53, 54 et 65. — Aubry et Rau, t. VI, p. 329, § 605, texte et note 15. — Laurent, t. IX, n⁰ 113. — Vigié, t. II, n⁰ 136. — Huc, t. V, n⁰ 94. — Baudry-Lacautinerie et Wahl, *Successions*, t. I. n⁰ 635. — Demante, t. VII, n⁰ 75 *bis*, I. — Campistron, n⁰ 16.

(1) Cassation, 15 mars 1847. Sirey, 47, 1, 178 ; — Id., 13 janvier 1862, D. P. 62, 1, 42 ; — Id., 17 février 1865, D. P. 65. 1, 49. — Id., 20 avril 1875, D. P. 75, 2, 49. — Lyon, 21 janvier 1869, Sirey, 69, 2, 296. — Paris, 6 août 1872, Sirey, 72, 2, 311. — Paris, 2 décembre 1872, D. P. 73, 2, 116. — Douai, 28 avril 1874 ; Sirey, 74, 2, 195. — Paris, 24 juin 1886, *Gazette du Palais*, 86, 2, 231. — Limoges. 7 décembre 1886, *Gazette du Palais*, 87, 1, 161.

« prudence, la portion de l'hérédité que la pré-
« sence de ces parents légitimes enlèvera à l'eu-
« fant naturel, sera dévolue à l'Etat, comme bien
« en déshérence. Nous voilà loin de l'intérêt de la
« famille légitime, intérêt qui seul a inspiré les
« dispositions qu'il s'agit d'interpréter.

« Notons que l'on peut arriver ainsi à priver
« l'enfant naturel, au profit du Trésor, d'une très
« grande partie de la succession. Supposons, en
« effet, un *de cujus*, laissant comme seuls parents
« successibles un enfant naturel et un enfant
« légitime, ce dernier indigne ou renonçant. Si
« on applique à la lettre le système que nous
« combattons, l'enfant naturel n'aura qu'un
« quart de la succession ; les trois autres quarts
« iront à l'Etat. Cela est d'autant plus inadmis-
« sible que, sous le régime de la loi nouvelle, l'en-
« fant naturel exclut les collatéraux (à l'exception
« des frères et sœurs et descendants d'eux), les-
« quels sont eux-mêmes préférés à l'Etat dans
« l'ordre de succession consacré par le Code
« civil. »

Quant au mot « laissé », il signifie « laissé
comme héritier » (1). Dans l'article 746, il est pris
dans ce sens : « Si le défunt n'a laissé, ni posté-

---

(1) Demolombe, t. XIV, n° 54.

rité, ni frère, ni sœur, ni descendants d'eux, la succession se divise par moitié entre les ascendants de la ligne paternelle, et les ascendants de ligne maternelle..... »

Il n'y a aucune raison de ne pas admettre la même signification dans les articles 758, 759 et 760, ce serait contraire à l'esprit de la loi et au texte même de l'article 760.

Nous allons maintenant aborder l'étude des articles qui établissent la quotité du droit héréditaire de l'enfant naturel en examinant en même temps le mode de calcul qu'il convient d'adopter pour évaluer la part qui lui revient.

I. — PREMIÈRE HYPOTHÈSE. — Les père ou mère
de l'enfant naturel ont laissé des descendants légitimes.

Dans ce cas, le nouvel article 758 dispose que
l'enfant naturel a droit à la moitié de la portion
héréditaire qu'il aurait eue s'il eût été légitime,
tandis qu'auparavant il n'avait droit qu'au tiers
de cette portion (1). Il a donc 1/10e de plus.

Lorsqu'il n'y a qu'un seul enfant naturel en
concours avec des descendants légitimes, il n'y
existe aucune difficulté pour déterminer cette
portion : Il faut considérer provisoirement l'enfant naturel comme un enfant légitime, puis
calculer le montant de sa part dans cette hypothèse. La moitié de cette part est la portion à
laquelle il a droit. Le surplus est partagé entre
les héritiers légitimes suivant les règles ordinaires. Ainsi :

____

(1) Les mêmes règles sont applicables si le *de cujus* laisse
des enfants légitimés (Arg. art. 333) ou des enfants adoptifs
(art. 350).

Soit un enfant légitime et un enfant naturel :
si l'enfant naturel était légitime, il aurait la
moitié de la succession. Comme il est naturel, il
n'a droit qu'à la moitié de cette moitié, c'est-à-dire
au quart Le surplus, c'est-à-dire les trois quarts,
revient à l'enfant légitime.

En présence de deux enfants légitimes, l'enfant
naturel aurait eu, s'il avait été légitime, le tiers
de la succession. Il n'a droit qu'à la moitié du
tiers, soit un sixième. Les cinq sixièmes restants
appartiennent aux deux enfants légitimes.

De même, un enfant naturel en présence de
trois enfants légitimes n'aura droit qu'à la moitié
du quart de la succession, soit un huitième, et
les enfants légitimes se partageront les sept huitièmes restants.

C'est le procédé de calcul que la jurisprudence
et la doctrine (1) avaient adopté.

Cependant, ce calcul présente quelques inconvé-
nients que le législateur de 1896 n'a pas jugé à
propos de supprimer. Sur ce point comme sur
beaucoup d'autres, a dit le rapporteur de la com-

-----

(1) Demolombe, t. XIV, n° 58 ; Demante, t. III, n° 75 ; Aubry
et Rau, t. VII, § 605 ; Laurent, t. IX, n° 112 ; Baudry et Wahl,
Successions I, n° 638 ; Cassation, 26 juin 1809 (Sirey, 1809,
I. 337).

mission, elle (la commission) a admis comme certains les résultats acquis.

Le principal inconvénient est que la proportion entre la part de l'enfant naturel et celle de l'enfant légitime n'est pas fixe. Ce rapport diminue à mesure que le nombre des enfants augmente.

Ainsi, supposons une succession de 120,000 fr. à partager entre un enfant naturel et un enfant légitime. L'enfant naturel aura 30,000 fr. et l'enfant légitime 90,000 fr. Supposons maintenant qu'il y ait deux enfants légitimes, l'enfant naturel n'aura plus que 20,000 fr. et chaque enfant légitime 50,000 fr., soit deux fois et demie la part de l'enfant naturel. Le rapport de 1/3 ou de 3/15 n'est plus que de 2/5 ou 6/15 et la part de l'enfant naturel en concours avec des enfants légitimes est toujours inférieure à la moitié de celle d'un enfant légitime.

Lorsqu'au lieu d'un seul enfant naturel en concours avec des descendants légitimes, il y en a plusieurs, la question est plus difficile. Faut-il considérer simultanément les enfants naturels comme des enfants légitimes ou au contraire individuellement, et les uns après les autres ?

Sous l'empire du Code civil, on admettait généralement qu'il fallait envisager tous les enfants naturels simultanément comme légitimes et leur attribuer la moitié de la part qu'ils auraient eue

en cette qualité. Cette solution avait été adoptée
par la jurisprudence et par la majorité des
auteurs (1), malgré les critiques dont elle était
l'objet.

D'après ce système, en effet, l'enfant naturel ne
recueille pas la moitié de ce qu'il aurait s'il était
légitime,car dans ce cas il aurait profité de l'illégitimité des autres enfants naturels. Comme le fait
remarquer M. Goguet (2) : « Chaque enfant naturel
« est traité aussi rigoureusement que s'il ne con-
« courait qu'avec des enfants légitimes. Il ne reçoit
« pas plus dans une succession qui s'ouvre entre
« deux enfants naturels et deux enfants légitimes
« que s'il était seul à concourir avec trois enfants
« légitimes, et plus le nombre des enfants natu-
« rels augmente, plus la portion qui lui revient
« diminue proportionnellement. »

Soit : un enfant naturel, trois enfants légitimes ; si tous les enfants étaient légitimes,
chacun recevrait un quart de la succession. L'enfant naturel n'a droit qu'à la moitié de ce quart,
soit un huitième.

---

(1) Demolombe, t. XIV, n⁰ˢ 57 et suiv. — Aubry et Rau, t. V,
§ 605. — Laurent, t. IX, n° 512. — Baudry-Lacantinerie et
Wahl, t. I, n° 639 — Cassation, 26 juin 1809. Sirey Chron. —
Idem, 28 juin 1831, Sirey, 31, 1, 279.
(2) *Op. cit.*, p. 115.

Deux enfants naturels, deux enfants légitimes;
si tous les enfants étaient légitimes, la part de
chacun serait d'un quart. Chacun des deux enfants
naturels n'a donc droit qu'à un huitième.

De nombreux systèmes ont été proposés pour
remédier à cet inconvénient et pour assurer aux
enfants naturels une répartition plus juste.

1° Système dit de répartition de M. Gros (1).

Le législateur, dit cet auteur, a établi une fois
pour toutes un rapport entre la part d'un enfant
naturel et celle d'un enfant légitime avec lequel
il est en concours. La part du premier étant de 1/4,
la part du second est de 3/4. Le rapport entre ces
deux parts est un rapport de un à trois, et il doit
être maintenu, quelque soit le nombre des enfants
naturels en concours avec un enfant légitime,
de sorte que la part de chaque enfant naturel soit
toujours trois fois moindre que celle de l'enfant
légitime.

Par exemple : Deux enfants légitimes et un
enfant naturel, l'enfant naturel a 1/6 ou 2/12.

---

(1) *Revue de Droit français et étranger*, année 1844, t. I,
p. 507 et suiv. et *Recherches sur les droits successoraux des
enfants naturels*, nᵒˢ 18 et suiv.

Chaque enfant légitime a 5/12. Ce rapport de 2 à 5 doit être maintenu dans tous les cas, quel que soit le nombre des enfants naturels en concours avec deux enfants légitimes.

Ce système, très simple, a l'avantage de respecter le principe suivant lequel la part de l'enfant naturel est une quotité de celle qu'il aurait eue s'il eût été légitime. Il aurait avantageusement remplacé le système adopté par la jurisprudence.

2°. *Système de M. Unterholzner* (1).

D'après ce système, on considère chaque enfant naturel successivement comme légitime, et en concours avec les enfants légitimes et les enfants naturels.

Exemple : Un enfant légitime et deux enfants naturels. Chaque enfant naturel, s'il avait été légitime, aurait eu en présence de l'enfant légitime et de l'autre enfant naturel la moitié de 5/6 ou 10/24. Etant naturel, il n'a droit qu'à la moitié de 10/24, soit 5/24.

Ce système d'apparence logique est fondé, anomalie singulière, sur le système qu'il prétend remplacer. C'est d'après le mode de calcul admis

---

(1) *Juristiche-Abhaudleingen*, n° 1, page 15.

par la jurisprudence qu'il établit la part de l'un
des enfants naturels à l'avance, pour attribuer à
l'autre enfant naturel une part plus forte.

3°. *Système de Blondeau* (1).

Ce Jurisconsulte considérait la portion héréditaire comme une action sociale : « les enfants
légitimes ont chacun une action totale, disait-il,
et les enfants naturels n'ont chacun qu'un tiers
d'action : en conséquence, un enfant naturel, en
concours avec un seul enfant légitime, prend 1/4
de la succession, et l'enfant légitime 3/4. »
La Commission d'initiative parlementaire de
la Chambre des Députés, chargée d'examiner le
projet de loi de MM. Letellier, Jullien et Rivet,
adoptant le système de M. Blondeau, pour calculer
la part héréditaire des enfants naturels, l'avait
consacré dans le § 2 de l'article 757 de son projet.
Ce paragraphe était ainsi conçu : « Pour opérer
le partage, il suffira de supposer le nombre des
enfants légitimes double de ce qu'il sera réellement, d'y ajouter celui des enfants naturels, et
de faire autant de parts égales qu'il sera censé
alors y avoir d'enfants; chaque enfant naturel

---

(1) *Séparation des patrimoines*, p. 528, n° 2.

prendra une part, chaque enfant légitime en prendra deux. »

Supposons, par exemple, deux enfants naturels en concours avec trois enfants légitimes: chaque enfant naturel aura 1/8 de la succession.

Ce système était en contradiction avec le § 1er du même article 757 qui accordait à l'enfant naturel la moitié de ce qu'il aurait eu, s'il avait été légitime : en effet, lorsqu'un enfant naturel se trouvait en présence d'un enfant légitime, d'après le § 2, ce dernier devait recueillir les 2/3 de la succession, et l'enfant naturel un tiers, tandis que le § 1er du même article, ne lui donnait droit qu'au quart des biens.

Voté par la Chambre des Députés, ce paragraphe fut supprimé par le Sénat, en raison de la contradiction qu'il renfermait.

« Votre Commission n'a point tenté de substituer un autre calcul à celui qu'elle repousse, disait M. Dauphin, ni de codifier celui que la Jurisprudence et la pratique ont adopté. Sur ce point, comme sur beaucoup d'autres, elle a admis comme certains les résultats acquis (1). »

Le système admis par la doctrine et par la Jurisprudence, a donc été définitivement consacré

––––––

(1) J. O. 31 décembre 1893, Sénat annexe n° 326, p. 700 et 27 avril 1895, Sénat annexe n° 8, p. 12.

par le législateur de 1896, malgré l'inconvénient
que nous avons signalé — inconvénient compensé
par la simplicité de son application.

Nous n'avons jusqu'à présent examiné que le
cas où l'enfant naturel se trouve en présence
d'enfants légitimes du défunt. Or, l'article 758,
en employant le mot « descendants », vise les
descendants légitimes, quelque soit leur degré.
Qu'elle est donc la situation de l'enfant naturel,
en présence de descendants d'enfants légitimes?

Plusieurs situations sont à examiner :

Si les descendants de l'enfant légitime prédécédé
viennent à la succession par représentation de
leur auteur, il n'y a qu'à appliquer les principes
connus de la représentation, en ne les comptant
que pour la tête de celui-ci : Soit un enfant naturel et deux petits-fils, enfants d'un fils légitime
prédécédé, appelés à la succession du *de cujus*.
Les deux petits-fils venant par représentation de
leur père, compteront pour un enfant légitime,
et l'enfant naturel recueillera le quart de la succession (1).

Mais si les descendants de l'enfant légitime
viennent à la succession de leur chef, par suite

---

(1) Duranton, t. VI, n° 276. — Demolombe, t. XIV, n° 64. —
Aubry et Rau, t. VI, § 605. — Baudry-Lacantinerie et Wahl,
Success., t. I, n° 640. — Laurent, t. IX, n° 114.

de la renonciation, de l'incapacité ou de l'indignité de leur auteur, l'enfant naturel a droit à la moitié de la succession, car s'il avait été légitime, il les aurait exclus et aurait recueilli la totalité de la succession.

Les auteurs qui soutiennent que le calcul doit se faire d'après la situation de la famille, au décès du *de cujus*, enseignent naturellement que l'enfant naturel n'a droit qu'à la part lui revenant en présence des renonçants ou des indignes. C'est-à-dire à un quart, dans le cas précédent. Nous avons vu que la Jurisprudence avait une grande tendance à adopter définitivement ce système, contraire à l'esprit de l'article 785.

Supposons maintenant que l'enfant naturel se trouve en concours avec des enfants légitimes et des descendants d'enfants légitimes incapables ou indignes. Ces derniers sont exclus par les enfants légitimes et ne comptent plus. Les enfants légitimes et l'enfant naturel se partagent la succession suivant les règles ordinaires (1).

La part d'un enfant naturel ou d'un enfant légitime qui devient vacante par suite de renonciation ou d'indignité, accroît aux héritiers natu-

____

(1) Demolombe, t. XIV, n° 65. — Aubry et Rau, t. VI, § 605. — Baudry-Lacantinerie et Wahl, *Success.*, t. I, n° 641.

rels et légitimes dans la proportion de leurs parts respectives (1). Ce serait une erreur de croire qu'elle profite uniquement aux héritiers naturels, la loi n'ayant pas établi de fente dans ce cas, entre la succession légitime et la succession naturelle.

---

(1) Le Sellyer, t. I, n° 355. — Chabot, article 757. — Baudry-Lacantinerie et Wahl, *Successions*, n° 646 *bis*.

II. — DEUXIÈME HYPOTHÈSE. — Les père ou mère de l'enfant naturel n'ont pas laissé de descendants, mais bien des ascendants ou des frères ou sœurs, ou des descendants légitimes de frères ou sœurs.

———

D'après l'article 757 du Code civil, le droit de l'enfant naturel était de la moitié de la portion héréditaire qu'il aurait eue s'il avait été légitime, lorsque ses père ou mère ne laissaient pas de descendants, mais bien des ascendants ou des frères ou sœurs.

Le projet de loi de MM. Letellier, Jullien et Rivet assimilant les enfants naturels aux enfants légitimes, écartait par conséquent les ascendants et les collatéraux même privilégiés de la succession, pour en attribuer la totalité aux enfants naturels.

La Commission de la Chambre des députés modifia également sur ce point le projet de loi. Elle estima que s'il était juste d'accorder à l'enfant naturel la totalité de la succession, lorsqu'il se trouvait en présence do collatéraux, pour lesquels un père ne pouvait avoir plus d'affection que pour son propre enfant, il ne convenait pas d'exclure les ascendants.

« Les ascendants, écrivait M. Jullien dans son rapport (1), sont dans une situation exceptionnelle. Ils tiennent par les liens les plus forts à l'auteur de l'enfant naturel. Conviendrait-il d'ajouter à la douleur causée par sa perte, la perte de tous les biens qui appartenaient à leur fils ou à leur fille, et de les exclure de la succession de leur enfant au profit de celui qui y est entré en quelque sorte malgré eux? La majorité de la Commission ne l'a pas pensé. Une nouvelle considération surtout l'a décidée. Aucun lien de parenté n'existant et ne devant exister entre l'enfant naturel et les ascendants de son auteur, la dette alimentaire n'existe point entre eux. Il fallait donc éviter le scandale qui aurait pu se produire, d'un enfant naturel recueillant une opulente succession et pouvant légalement laisser dans la gêne les ascendants de son auteur.

« Mais s'il importait d'imposer ici une limitation nouvelle, il convenait aussi de lui laisser un caractère viager et en quelque sorte alimen-

____

(1) J. O. *Doc. parlem.*, Chambre 1892; annexe 1733.

taire ; car elle est surtout appelée à remplacer
une obligation qui n'existe point par suite du
défaut de parenté. Aussi votre Commission est-
elle d'avis de n'accorder aux ascendants qu'un
droit d'usufruit. Ce droit, qui constituera une
véritable réserve que l'on ne pourra ôter par
aucun moyen à l'ascendant, pourrait être fixé à
la moitié de la succession en usufruit, et cela
alors même qu'il n'existerait d'ascendant que
dans une seule ligne. »

L'article 757 du projet rédigé par la Commission de la Chambre des députés et voté par celle-ci,
contenait le paragraphe suivant : « Lorsqu'il n'y
aura point de descendants légitimes, mais seulement un ou plusieurs ascendants, l'enfant naturel
légalement reconnu aura droit à la moitié de la
succession en pleine propriété, et à la nue-propriété
de l'autre moitié. Le ou les ascendants auront,
dans tous les cas, nonobstant toute disposition
entre-vifs ou testamentaires, droit à l'usufruit de
cette seconde moitié. »

La Commission du Sénat substitua à ce texte,
ainsi qu'à celui du projet de M. Demôle, soumettant l'enfant naturel à l'obligation alimentaire
des articles 206 et 207 vis-à-vis des ascendants
de ses auteurs, le texte suivant : « Le droit est
des trois quarts lorsque les père et mère ne laissent pas de descendants, mais bien des ascendants

ou des frères ou sœurs, ou des descendants légitimes de frères ou sœurs. »

M. Dauphin expliquait ainsi les raisons qui avaient déterminé la Commission à donner aux ascendants une part en propriété :

« Il faut dans l'intérêt de l'institution du mariage et de la famille légitime, que l'enfant naturel soit dans une condition d'infériorité par comparaison avec l'enfant légitime, il faut qu'on soit appelé vers le mariage par cette prévision que si l'on meurt *ab intestat*, ce qui est si fréquent, il y aura une différence dans la situation de l'enfant naturel et celle qu'aurait l'enfant légitime.

« L'ascendant a le droit de réclamer pour la faire rentrer dans la famille légale, la toute propriété d'une partie des biens que la famille irrégulière doit presque toujours à ses sacrifices et à ses largesses. »

Ainsi envisagée, la question changeait de face. Si on accordait des droits aux ascendants, ce n'était pas dans le but de leur procurer l'équivalent d'une pension alimentaire, c'était d'abord pour bien rappeler à l'enfant naturel la tare dont il était frappé et ensuite pour faire rentrer dans la famille légitime des biens qu'on prétendait avoir été sa propriété.

Dans ces conditions, on ne pouvait logiquement

exclure les collatéraux, puisqu'il s'agissait simplement de soumettre l'enfant naturel à une mesure vexatoire et inutile, et de rendre à la famille légitime des biens soi-disant « détachés du patrimoine dans un but familial et détournés de ce but par une paternité illégitime (1). »

C'est aussi ce que demanda M. Dauphin : « Les frères ou sœurs, dit-il, nés directement de parents communs, élevés ensemble dans une profonde intimité, font comme les ascendants partie intégrante de la famille... On ne saurait d'ailleurs, comprendre que les frères et sœurs, qui, dans les successions sont préférés aux aïeuls et aux aïeules, soient dans une moins bonne situation vis-à-vis des enfants naturels. »

Ce dernier argument, le seul juridique que M. Dauphin ait employé dans cette discussion, était très juste dans le cas où on accordait à l'ascendant la pleine propriété d'une partie de la succession, mais il perdait toute sa valeur dans celui où l'ascendant n'avait droit qu'à un usufruit. — Or, c'était précisément le système que la Chambre des députés avait adopté.

Poussant encore plus loin les conséquences de ses principes, la commission du Sénat proposait

---

(1) Rapport de M. Dauphin.

en outre, d'assimiler les neveux et nièces aux frères et sœurs.

Sous l'empire du Code civil, une controverse était née sur le point de savoir s'il fallait considérer les neveux ou nièces comme des collatéraux privilégiés ou comme des collatéraux ordinaires : le silence de l'ancien article 757 permettait d'adopter l'une ou l'autre solution.

La doctrine, s'appuyant sur les travaux préparatoires et sur les principes généraux du Code civil, regardait les neveux et nièces comme des collatéraux privilégiés (1).

La plupart des auteurs, considérant ce silence comme un oubli du législateur, faisaient remarquer que le Code civil place toujours ces personnes sur la même ligne. L'article 742 admet la représentation en faveur des descendants de frères et sœurs et « les articles 748, 749, 750 etc., leur attribuent, indépendamment de la représentation, et en leur seule qualité de descendants de frères et sœurs, les mêmes droits qu'aux frères et sœurs eux-mêmes, et ce principe est tel..... que l'on

---

(1) Fenet, t. XII, p. 27 et 150. — Toullier, t. IV, n° 254. — Demolombe, t. XIV, n° 75 et t. XIX, n° 156. — Pont, *Revue de législation*, 1846, p. 99. — Aubry et Rau, t. VI, § 605, texte et note 10, p 326. — Huc, t. V, n° 98. — Vigié, t. II, n° 142. — Baudry et Wahl, t. I, n° 650. — Demante, t. III, n° 75 *bis*. — Contra : Marcadé, sur l'art. 757. — Laurent, t. XI, n° 119 et s.

peut aller jusqu'à dire que les neveux ou nièces
sont sous-entendus et compris dans la lettre de
l'article 757 sous la dénomination frères et
sœurs (1). »

La jurisprudence, au contraire, avait adopté
l'autre solution (2): « La représentation, fiction
de la loi, n'est applicable que dans le cas spécialement prévu par la loi, c'est-à-dire, en matière
de succession régulière, elle ne saurait être étendue aux successions irrégulières qui sont régies
par les dispositions claires et précises du chapitre IV, livre III, titre I du Code civil, » était-il
dit, dans un arrêt de la Chambre des requêtes du
4 janvier 1875. De plus, l'article 757 établissant
des déchéances contre l'enfant naturel, ces déchéances sont de droit étroit et ne doivent pas
être étendues.

MM. Demôle, Bernard, Tillaye et Trarieux,
garde des sceaux, s'élevèrent avec énergie contre
l'opinion de la commission du Sénat (3). C'était
refuser toute amélioration à la condition de l'enfant naturel, en concours avec des descendants

---

(1) Demolombe, t. XIV, p. 113.
(2) Cassation, 28 mars 1833, Sirey 1833, 1, 284. — 13 janvier
1862, S. 1862, 1, 225. — 4 janvier 1875, S. 1875, 1, 53. — 2 mai
1888, S. 1888, 1, 217. — Paris, 24 juin 1886, rejet Cassation,
31 août 1888 et la note D. P. 1888, 1, 209.
(3) Séance du 19 mars 1896.

légitimes de frères et sœurs, puisque la jurisprudence lui accordait déjà les trois quarts de la succession lorsqu'il se trouvait en présence de ces derniers.

M. Dauphin fit alors remarquer que la loi nouvelle déclarant les enfants naturels héritiers, successeurs réguliers, cette objection ne portait plus. Successeurs réguliers, les enfants naturels devaient être soumis aux mêmes règles que les héritiers ordinaires et supporter désormais le concours des neveux et nièces comme les héritiers légitimes (1).

Pour être logique avec elle-même, la commission du Sénat n'aurait pas dû faire de distinction entre les collatéraux privilégiés et les collatéraux ordinaires. Nous verrons en arrivant à l'examen de l'article 760 qu'elle n'a pas cru devoir pousser les conséquences de ses principes jusque-là.

Le texte rédigé par la Commission fut adopté par le Sénat, c'est l'article 759, de la nouvelle loi.

En vertu de ce nouvel article 759, le droit de l'enfant naturel en concours avec des ascendants, ou des frères et sœurs, qui était fixé autrefois à la moitié de la portion héréditaire qu'il aurait

---

(1) Séance du 21 juin 1896, O. J. Sénat 1896, 22 juin, p. 655.

eue, s'il eût été légitime, est actuellement des trois quarts de cette portion.

Le principe de la fente de l'ancien article 757, se retrouve dans le nouvel article 759. La part de l'enfant naturel, en présence des ascendants, des frères ou sœurs, ou de leurs descendants légitimes, est toujours des trois quarts de celle qu'il aurait eue s'il eut été légitime, quel que soit le nombre de ses cohéritiers. L'autre quart revient à la famille légitime.

Nous avons vu précédemment qu'il n'en est pas de même lorsque l'enfant naturel est en concours avec des descendants légitimes ; dans ce cas, la portion attribuée à l'enfant naturel varie à la fois suivant le nombre des descendants légitimes et suivant le nombre des enfants naturels.

La part revenant à la famille naturelle étant invariablement fixée aux trois quarts de la succession, s'il y a plusieurs enfants naturels, ils se partageront ces trois quarts entre eux, par tête, et la part des renonçants ou des indignes accroitra aux autres enfants naturels, mais non aux parents légitimes.

Le quart réservé à la famille légitime se partage entre les parents légitimes quel que soit leur nombre, d'après les règles du droit commun en matière de successions *ab intestat*. Les parts des renonçants et des indignes accroissent à la part des autres héritiers légitimes, et les descendants des prédécédés viennent à la succession par représentation de leur auteur.

Examinons les différents cas, pouvant se présenter pour le partage de la portion de la famille légitime.

1° L'enfant naturel ne concourt qu'avec des ascendants : S'il n'y a qu'un ascendant, cet ascendant recueillera le quart de la succession quel que soit son degré (art. 755). S'il y en a plusieurs de la même ligne et au même degré, ils se partageront le quart entre eux, par tête. S'ils appartiennent à des lignes différentes, le quart sera divisé en deux moitiés : une pour la ligne paternelle, une pour la ligue maternelle, et l'ascendant le plus proche dans chaque ligne recueillera cette moitié.

2° L'enfant naturel ne concourt qu'avec des frères et sœurs, ou des descendants légitimes de frères ou sœurs. Si tous les frères et sœurs sont vivants et du même lit, et qu'ils acceptent la succession, ils se partageront ce quart par parts égales et par tête. S'ils sont de lits différents, ce quart se divisera par moitié entre les deux lignes paternelle et maternelle, les frères germains prendront dans les deux lignes et les frères utérins ou consanguins, chacun dans leur ligne seulement (art. 752).

Supposons maintenant, qu'un ou plusieurs des frères ou sœurs sont décédés laissant des descendants, ces descendants viendront recueillir par représentation la part qui serait revenue à leur auteur, tandis que si leur auteur était renonçant ou indigne, ils seraient écartés de la succession par les frères et sœurs acceptant.

Si tous les frères ou sœurs renoncent, leurs descendants succèdent de leur chef et se partagent par tête le quart de la succession.

Si tous les frères ou sœurs sont décédés, leurs descendants succèderont au contraire par souches. Tous les enfants issus d'un même frère, venant par représentation de celui-ci, se partageront la portion qui serait revenue à ce frère s'il eut été vivant (1).

3° L'enfant naturel concourt avec des ascendants et avec des collatéraux privilégiés.

Avant la loi de 1896 la question de savoir comment devait être partagée la part de la succession attribuée à la famille légitime, lorsqu'en face de l'enfant naturel se trouvaient à la fois des ascendants et des frères et sœurs, était fortement controversée. Le rapporteur de la loi au Sénat, M. Dauphin, questionné par M. Demôle sur la façon

---

(1) Goguet. — *Des droits des enfants naturels légalement reconnus*, pages 138 et s.

dont on trancherait, à l'avenir, cette controverse, répondit : « Aujourd'hui comme hier, le partage se fera sous l'empire du Code civil. Le père ou la mère du défunt, s'ils existent, recueilleront la totalité de la partie qui est attribuée à la famille, et le frère et la sœur n'auront rien. S'il n'y a pas de père, ni de mère, le frère et la sœur en seront saisis à l'exclusion du grand-père, de la grand'mère et des autres ascendants ; et les ascendants autres que le père ou la mère n'arriveront à la succession que s'il n'y a pas de frère ou de sœur (1). »

Il y a dans cette explication de M. Dauphin, une erreur évidente : Il déclare tout d'abord que le partage se fera sous l'empire du Code civil, puis prenant pour exemple le cas où le père ou la mère du défunt sont en présence de collatéraux privilégiés, il exclut ces derniers de la succession. Or, d'après l'article 748 du Code civil, le quart de la succession se partage en deux portions égales. La moitié de ce quart est attribuée au père et à la mère qui se la partagent également ; l'autre moitié revient aux frères et aux sœurs.

« On pourrait soutenir, dit M. Campistron (2),

______

(1) J. O., 20 mars 1895, p. 208.
(2) *Des droits successoraux des enfants naturels reconnus*, page 38.

que, d'après l'article 914 (Art. 915 ancien), les ascendants ayant seuls droits à leur réserve dans tous les cas où un partage en concurrence avec des collatéraux ne la leur donnerait pas, les frères et sœurs ou descendants d'eux ne pourront jamais réclamer que 1/8 de la succession contre le père et la mère ou l'un des deux, seulement. Car dans les deux cas, leur réserve est fixée par le nouvel article 915 à 1/8 de la succession.

« Cette solution doit être rejetée. L'assimilation qu'elle établit entre le droit héréditaire de l'enfant naturel et une libéralité émanée du *de cujus* n'est pas exacte. Le droit de succession de l'enfant naturel étant absolument de même nature que celui des autres parents, doit atteindre contributoirement toute la succession et toutes les classes d'héritiers. Un legs ou une donation, au contraire, ne peut s'imputer que sur la part des frères est sœurs, qui est seule disponible (1). »

C'est du reste ce que M. Dauphin admettait dans la seconde partie de son exemple « les ascendants autres que le père ou la mère n'arriveront à la succession que s'il n'y a pas de frère ou de sœur ». Or, ces ascendants sont des héritiers

---

(1) Demolombe, t. XIV, n° 79. — Demante, III, n° 75 *bis*, VIII. — Aubry et Rau, VI, § 605, p. 330.

réservataires, d'après le nouvel article 915, même en présence d'enfants naturels.

La succession devant donc être partagée suivant les principes du Code civil, l'enfant naturel prendra les 3/4 de la succession. Le dernier quart sera partagé en deux moitiés dont chacune soit 1/8, sera attribuée aux père et mère et aux collatéraux privilégiés.

Si le père ou la mère seul, a survécu, le survivant n'aura droit qu'à la moitié du huitième — l'autre moitié du huitième ou 1/16 sera attribuée aux frères et sœurs ou à leurs descendants qui recueilleront ainsi les 3/16 de la succession.

L'enfant naturel en présence d'ascendants autres que le père ou la mère du défunt et de collatéraux privilégiés aura toujours droit aux 3/4 de la succession — et les collatéraux privilégiés excluant les aïeuls et aïeules, prendront le quart attribué à la famille légitime.

A défaut de collatéraux privilégiés, ce quart reviendra aux aïeuls et aïeules, qui se le partageront suivant le principe de la fente.

4° L'enfant naturel concourt avec des ascendants et des collatéraux ordinaires.

Une controverse était née sous le régime du Code civil sur la façon de partager la succession lorsque le défunt laissait un enfant naturel, des ascendants dans une ligne et des collatéraux dans l'autre : Avait-il droit dans ce cas à la moitié de la part des ascendants et aux 3/4 de celle des collatéraux ordinaires ?

La loi du 25 mars 1896, en changeant les termes de la question, n'en a pas donné la solution. Nous venons de voir, en effet, que l'enfant naturel, en présence d'ascendants, a droit aux 3/4 de la succession, et qu'en présence de collatéraux ordinaires, il en recueille la totalité. La question se pose donc aujourd'hui de cette façon : L'enfant naturel, en présence d'ascendants dans une ligne et de collatéraux ordinaires dans l'autre, ne recueillera-t-il que les 3/4 de la succession comme s'il ne concourait qu'avec des ascendants, ou bien profitera-t-il de la part revenant à la ligne où il n'y a que des collatéraux, et recueillera-t-il ce huitième en plus des 3/4, soit 7/8 de la succession.

La majorité des auteurs et la jurisprudence décident que la part de l'enfant naturel doit être la même que dans le cas où il se trouve en concours avec des ascendants. La part héréditaire de la famille légitime devant être partagée suivant les règles ordinaires : L'enfant naturel reçoit les 3/4 de la succession et les ascendants et les collatéraux se partagent l'autre quart par moitié ; si c'est le père ou la mère qui est en concours avec un collatéral ordinaire, cet ascendant aura en outre l'usufruit du tiers de la portion du collatéral (art. 754) (1).

Ce système est basé sur les termes mêmes de l'article 759 qui accorde invariablement à l'enfant naturel, en présence d'ascendants ou de collatéraux privilégiés, les 3/4 de la succession, et il se justifie par cette simple considération que l'ascendant prendrait la totalité du quart attribué à la famille légitime s'il n'y avait pas de successibles dans l'autre ligne. La présence de collatéraux ordinaires, parents légitimes du *de cujus*, ne saurait rendre meilleure la condition de l'enfant naturel.

Le système contraire est cependant soutenu par quelques auteurs (2) qui estiment « que l'enfant naturel doit prendre toute entière la moitié de la succession qui, s'il n'eût pas existé, aurait appartenu au collatéral qu'il exclut en vertu de l'article 760 nouveau, et en plus les trois quarts de l'autre moitié, revenant à la ligne dans laquelle

____

(1) Demolombe, t. XIV, n° 76. — Aubry et Rau, t. VI, p. 605. — Laurent, t. IX, n° 124. — Baudry et Wahl, t. I, n° 653. — Bordeaux, 5 mai 1856; Sirey, 1856, 2, 673. — Amiens, 5 décembre 1889, S., 1890, 2, 126. — Cassation, 5 juin 1893, S., 1893, 1, 348.

(2) Marcadé, art. 757, n° 4. — Demante, IV, 75 *bis*, IX. — Campistron, p. 39. — Goguet, *op. cit.*, p. 109 et suiv.

se trouve l'ascendant, au total les 7/8 au lieu de
6/8 seulement. Son droit successif doit être calculé
séparément vis-à-vis de chacune des deux lignes,
suivant l'ordre des héritiers légitimes en présence
desquels il se trouve ».

Outre que ce système nous parait contraire
aux termes de l'article 759, il a de plus le tort de
réduire l'usufruit du tiers des biens échus aux
collatéraux, que l'article 754 confère au père et à
la mère en concours avec ces derniers.

III. — TROISIÈME HYPOTHÈSE. — Les père ou
mère de l'enfant naturel n'ont laissé ni descendants, ni ascendants, ni frères ou sœurs, ni descendants légitimes de frères ou sœurs.

———

L'article 757 du Code civil n'attribuait à l'enfant naturel que les 3/4 de la succession tant
qu'il était en présence d'un collatéral du défunt,
si éloigné qu'il fut.

Le projet de loi voté par la Chambre des députés
excluant les collatéraux ordinaires et attribuant
la totalité de la succession à l'enfant naturel, fut
également adopté au Sénat.

M. Dauphin, qui avait invoqué la nécessité de
faire rentrer dans la famille légitime des biens
qui en provenaient, pour justifier les droits des
collatéraux privilégiés en face de l'enfant naturel,
ne crut pas devoir invoquer le même motif en
faveur des collatéraux ordinaires, ce qui eut été
au moins logique : « Quant à tous les autres collatéraux, déclara-t-il, aucun des motifs de philo-
sophie ou de droit qui militent pour les descen-

dants légitimes, les frères et sœurs et leurs descendants, ne peut être invoqué ; les liens de la
paternité ou de la maternité naturels reconnus
apparaissent sans conteste, il est contraire à la
nature et à la présomption d'affection et de
volonté, de détourner quelque chose du patrimoine
de l'enfant du sang, au profit d'héritiers jusqu'au
douzième degré, souvent inconnus et ignorant
eux-mêmes leur généalogie. Dans ce cas, la totalité des biens doit appartenir à l'enfant naturel (1) ».

Il est curieux d'entendre M. Dauphin invoquer
ici le principe de la dévolution des biens d'après
la volonté et l'affection présumée du défunt, principe qu'il avait combattu pour soutenir les droits
des collatéraux privilégiés. C'est la preuve évidente de la faiblesse de la doctrine qu'il avait
soutenue précédemment, puisqu'il n'osait pas en
accepter toutes les conséquences.

La disposition du projet de loi de la Chambre
des députés est donc devenu l'article 760 du Code
civil : « L'enfant naturel a droit à la totalité des
biens lorsque ses père ou mère ne laissent ni
descendants, ni ascendants, ni frères ou sœurs,
ni descendants légitimes de frères ou sœurs. »

―――――――

(1) J. O. du 27 avril 1895.

L'enfaut naturel exclut donc tous les collatéraux non privilégiés.

Il exclut de même le conjoint survivant et l'Etat qui ne sont appelés à la succession qu'à défaut d'héritiers. Toutefois, pour que cette exclusion ait lieu, il faut que l'enfant naturel ne se trouve pas dans les conditions visées par l'article 337 : « La reconnaissance faite pendant le mariage, par l'un des époux au profit d'un enfant naturel qu'il aurait eu avant son mariage, d'un autre que de son époux, ne pourra nuire, ni à celui-ci, ni aux enfants nés de ce mariage. — Néanmoins elle produira son effet après la dissolution de ce mariage, s'il n'en reste pas d'enfants. »

D'après la première partie de cet article, l'enfant naturel reconnu dans les conditions indiquées, ne pouvant nuire à l'époux survivant, est formellement écarté de la succession de son auteur, en présence du conjoint. Or la seconde partie de l'article contredit la première, puisqu'elle stipule que la reconnaissance produira son effet après la dissolution du mariage s'il n'en reste pas d'enfants. C'est précisément parce qu'il ne reste pas d'enfants du mariage, que l'époux vient à la succession et qu'il se heurte aux droits de l'enfant naturel.

Cette contradiction provient de la mauvaise rédaction de l'article 337 et les auteurs s'accordent généralement à considérer l'enfant naturel, reconnu dans les conditions énumérées par cet article, comme frappé de l'incapacité de succéder, en présence de l'époux survivant qui recueille la succession.

Mais s'il existe des ascendants ou des collatéraux privilégiés ou non du *de cujus*, comme le conjoint n'est pas héritier, l'enfant naturel exercera les droits que lui confère la reconnaissance. Il recueillera, par conséquent, la totalité de la succession en présence du conjoint survivant et d'un collatéral au degré successible, en dépit de l'article 337. En effet, le conjoint étant exclu de la succession par suite de l'existence du collatéral, ne peut se prétendre lésé par l'enfant naturel.

L'enfant naturel exclut donc le conjoint survivant, mais il est obligé comme les héritiers légitimes, de supporter l'usufruit établi par la loi du 9 mars 1891, en faveur de l'époux survivant, usufruit qui varie suivant la qualité des héritiers et ne peut léser les droits des héritiers réservataires.

Si l'enfant naturel est seul à recueillir la succession, l'usufruit du conjoint s'exerçant dans ce cas sur la moitié de la succession, il supportera cet usufruit sur la moitié de ce qu'il aura recueilli, à condition que sa réserve ne soit pas entamée.

Si le défunt a laissé, outre l'enfant naturel, un ou plusieurs enfants légitimes issus du mariage, l'usufruit du conjoint portant sur le quart de la succession, l'enfant naturel et les enfants légitimes le supporteront proportionnellement, et toujours à condition que leur réserve ne soit pas atteinte.

Il en est de même quand il y a des enfants d'un premier lit, l'usufruit du conjoint survivant étant dans ce cas d'une part d'enfant légitime, le moins prenant.

Si outre des enfants naturels, le défunt a laissé des ascendants ou des frères et sœurs, l'usufruit du conjoint s'exercera sur la moitié de la succession et proportionnellement sur les parts des héritiers, sans réduire en aucun cas la réserve des enfants naturels et des ascendants. Il n'en sera pas de même de la part des frères et sœurs, qui ne sont pas héritiers réservataires, et qui pourront la voir grever même en totalité par l'usufruit du conjoint survivant.

APPENDICE

Droits héréditaires des descendants légitimes de l'enfant naturel prédécédé, sur les biens des père et mère décédés de cet enfant naturel.

La loi du 25 mars 1896 a reproduit presque textuellement l'article 759 du Code Civil, qui établissait le droit des enfants légitimes de l'enfant naturel décédé, de représenter leur auteur dans la succession de ses père et mère.

Le nouvel article 761 qui remplace l'ancien article 759, est ainsi conçu : « En cas de prédécès des enfants naturels, leurs enfants et descendants peuvent réclamer les droits fixés par les articles précédents. »

Par « enfants et descendants, » le législateur n'a voulu évidemment désigner que les enfants

7

et descendants légitimes, puisque la loi n'accorde aucun droit aux enfants naturels sur les biens des parents de leurs père et mère (art. 757) (1).

Les enfants et descendants légitimes de l'enfant naturel, jouissent donc du bénéfice de la représentation et exercent les droits de leur auteur décédé, dans la succession de leur aïeul. Mais pourraient-ils venir à cette succession de leur chef, en cas d'indignité ou de renonciation de l'enfant naturel?

Les termes « en cas de prédécès » de l'article 761, ont permis à plusieurs auteurs de soutenir la négative (2).

Si l'article 761 appelle les enfants et descendants légitimes de l'enfant naturel, par représentation, à la succession de leur aïeul, au cas de prédécès de leur auteur, ce n'est pas qu'il leur reconnaisse une vocation personnelle. « Au contraire, dit M. Campistron (3), ce texte n'a été écrit que parce que, cette vocation personnelle

____

(1) Demolombe, t. XIV, n° 88. — Marcadé sur l'article 759, n°. 1. — Aubry et Rau, t. IV, p. 330, § 605, texte et note 17. — Laurent, t. IX, n° 128. — Huc, t. V, n° 101. — Baudry et Wahl, *Successions*, t. I, n° 663.

(2) Toullier, t. IV, 259. — Duranton, t. VI, n° 294. — Marcadé sur l'article 559, n° 1, et sur l'article 914. — Laurent, t. IX, n° 127.

(3) Campistron, n°s 34 et 35.

leur étant refusée, ils n'auraient pu, sans une disposition formelle de la loi, recueillir la part héréditaire que l'enfant naturel, s'il eût été vivant, aurait pu lui-même réclamer. C'eût été une injustice qu'il fallait empêcher.

Nous sommes ici en présence d'un cas de représentation anormal, tout à fait en dehors des principes de la matière, puisque, d'après le droit commun, celui-là seul peut venir par représentation, qui a une aptitude personnelle à succéder de son chef.

Notre disposition est exceptionnelle, et ne doit dès-lors être appliquée qu'au cas de prédécès qu'elle vise. »

Ce raisonnement ne nous paraît nullement fondé : sans doute, sous l'empire du Code civil, l'article 759 qui accordait aux descendants de l'enfant naturel le bénéfice de la représentation, pouvait être considéré comme une disposition d'exception, les enfants naturels n'étant alors pas héritiers. La loi du 25 mars 1896, en en faisant des héritiers, leur a donné par cela même tous les droits qui se rattachent à cette qualité. Qu'importent, par conséquent, les termes de l'article 759, puisque l'article 740 est maintenant applicable aux enfants naturels.

Nous ne nous trouvons donc plus dans un cas exceptionnel. D'ailleurs, par ces mots « en cas de

prédécès, » la loi a envisagé le cas le plus fréquent, comme elle l'a fait dans l'article 750, c'est
pourquoi elle a passé sous silence la renonciation
et l'indignité. Les descendants de l'enfant naturel
jouissant du bénéfice de la représentation, ont
par conséquent l'aptitude personnelle de succéder
de leur chef, en cas de renonciation ou d'indignité de leur auteur. C'est du reste l'opinion généralement admise par la doctrine (1).

------

(1) Demolombe, t. XIV, n° 86. — Aubry et Rau, t. VI, n° 331.
— Huc, t. V, n° 101. — Baudry et Wahl, *Successions,* n°ˢ 661
et 662.

CHAPITRE QUATRIÈME

Des libéralités permises en faveur des enfants naturels.

Les droits des enfants naturels reconnus dans la succession de leurs père et mère, ayant été fixés par le Code civil de 1804 à une quotité inférieure à celle attribuée aux enfants légitimes, des dispositions spéciales avaient dû être prises en même temps par le législateur, afin d'assurer le maintien de cette infériorité. Rien, en effet, n'aurait empêché les père ou mère d'un enfant naturel de faire des donations entre vifs ou testamentaires à cet enfant et de rétablir ainsi l'égalité en sa faveur.

C'est dans ce but que furent édictés les articles 908 et 760 (anciens), qu'on peut considérer comme étant la sanction des dispositions contenues en l'article 757.

Aux termes de l'article 908 : « Les enfants
« naturels ne pourront, par donation entre-vifs
« ou par testament, rien recevoir au-delà de ce
« qui leur est accordé au titre des successions. »
Et l'article 760, qui en est le complément, dispose :
« L'enfant naturel ou ses descendants sont tenus
« d'imputer sur ce qu'ils ont droit de prétendre,
« tout ce qu'ils auront reçu du père ou de la mère
« dont la succession est ouverte et qui serait sujet
« à rapport, d'après les règles établies à la sec-
« tion II du chapitre VI du présent titre. »

L'article 908 avait donné lieu à une controverse sur le point de savoir si la prohibition
qu'il édictait était une règle d'incapacité personnelle ou d'indisponibilité réelle ?

La doctrine enseignait généralement que c'était
une règle d'indisponibilité réelle (1) : Elle en pré-
sentait du moins tous les caractères, son étendue
ne pouvait être fixée qu'au moment de l'ouverture de la succession et était subordonnée à la
valeur des biens du *de cujus* et à la qualité des
héritiers légitimes. « C'est en faveur des parents
au degré successible, écrivait M. Demolombe, que
la prohibition est décrétée contre les enfants natu-

---

(1) Demolombe, t. XIV, n° 83 et t. XVIII, n° 555. — Aubry et
Rau, t. VII, n° 650 *bis*. — Demante, t. IV, n° 28.

rels ; c'est-à-dire que cette prohibition constitue
non pas seulement une incapacité, soit des
père et mère de disposer, soit de l'enfant de
recevoir, mais aussi une réserve *sui generis*
en faveur des parents légitimes à l'encontre
de l'enfant naturel. »

En conséquence de cette règle d'indisponibilité,
les libéralités excessives n'étaient pas frappées de
nullité, et seuls les parents qu'elles lèsaient pouvaient en demander la réduction.

La jurisprudence avait adopté la théorie contraire (1), estimant que l'indisponibilité édictée
par l'article 908 était une disposition d'ordre
public, frappant l'enfant naturel d'une véritable
incapacité. Les libéralités excessives pouvaient
être annulées à la demande des héritiers légitimes et même des légataires universels.

Enfin, l'article 760, corollaire de l'article 908,
obligeait l'enfant naturel à imputer, c'est-à-dire
à précompter sur sa part héréditaire, tout ce qu'il
avait reçu de son père ou de sa mère, et qui était
sujet à rapport. Telle était du moins la théorie
admise par la doctrine et la jurisprudence, qui

_____

(1) Paris, 9 juin 1834, D. success. 338, n° 2. — Lyon, 23 mars
1855, D. 1856, 2. 3. — Cassation, 7 février 1865, D. 1865, I. 49.
— Paris, 6 août 1872, D. 1874, I. 173. — Cassation, 23 juin 1873,
D. 1874, I. 73.

appliquaient à l'imputation les règles du rapport en moins prenant. Cette obligation de l'imputation s'étendait à toutes les libéralités, même à celles que les père et mère avaient déclaré en dispenser. Cette dispense était considérée comme nulle et non avenue.

Ces dispositions très rigoureuses avaient été l'objet, sous l'empire du Code civil, de critiques très justifiées. « Nous concevons que pour honorer le mariage et protéger les mœurs, écrivait M. Laurent, la loi établisse une différence entre les droits qu'elle accorde aux enfants légitimes et aux enfants naturels ; mais nous ne voyons pas pourquoi la succession légitime doit être la règle de la succession testamentaire ou contractuelle. Quand le père dispose, par donation ou par testament, au profit de son enfant naturel, celui-ci n'est plus avantagé à titre d'enfant naturel au préjudice des héritiers légitimes ; il est donataire ou légataire comme le serait un étranger, non en vertu de la loi, mais en vertu de la disposition de l'homme. On dit que le législateur doit empêcher que la barrière qu'il a établie entre les enfants naturels et les enfants légitimes soit détruite par l'affection désordonnée des père et mère. Quand le défunt laisse des enfants légitimes et des enfants naturels, nous comprenons encore que la loi intervienne en faveur des enfants légitimes, puisque l'honneur du mariage est en cause ; mais lorsque l'enfant concourt avec des collatéraux, le père pourrait donner tous ses biens à des étrangers, pourquoi lui défendre de les donner à ses enfants naturels? Pourquoi flétrir l'affection du père pour ses enfants, pourquoi l'appeler désordonnée? Le père aime ses enfants, non parce que ce sont des enfants naturels, mais parce que ce sont ses enfants (1). »

MM. Letellier, Jullien et Rivet supprimaient les articles 908 et 760 dans leur proposition de loi : « La disposition édictée par ces articles est injuste et dangereuse, disaient-ils dans l'exposé des motifs. Elle tend à écarter les reconnaissances d'enfants naturels que le législateur devrait, au contraire, encourager comme venant atténuer un mal grave, et elle tend à traiter des enfants, cependant absolument étrangers à la faute que l'on veut réprimer d'une façon plus désavantageuse même que s'ils étaient étrangers à ceux qui leur ont donné le jour. »

La commission de la Chambre des députés, accordant à l'enfant naturel la qualité d'héritier, abrogea l'article 760, mais elle conserva l'article

---

(1) Laurent, t. XI, n° 360.

908, en y apportant cependant une importante modification : elle autorisa les père et mère de l'enfant naturel à lui léguer une part de biens supérieure à sa part héréditaire. L'ancienne règle était maintenue pour les donations entre vifs.

Pour justifier cette distinction, le rapporteur, M. Jullien, disait : « La donation est dans notre Code un acte irrévocable ; elle peut être le fruit d'un mouvement spontané, irréfléchi, et ne présente aucune des garanties nécessaires en cette matière. Aussi ne saurait-elle convenir ici : seul, le testament, acte toujours révocable, manifestation, quand il reçoit son exécution d'une volonté persévérante jusqu'à l'heure de la mort, peut remplir ce but (1). » Il s'agissait donc de prémunir les père et mère contre les influences des commerces illégitimes. Toutefois, si la loi permettait aux père et mère de rétablir l'égalité entre leurs enfants naturels et légitimes, au moyen d'une donation testamentaire, il ne fallait cependant pas que ce fut au détriment des enfants légitimes, aussi ne les autoriserait-elle à disposer en faveur de l'enfant naturel que jusqu'à concurrence d'une part d'enfant légitime le moins prenant.

---

(1) J. O. *Doc. Parlem.*, Chambre 1892, annexe 1733, p. 2780.

La Chambre des députés vota sans la discuter la proposition que lui soumettait sa commission et la renvoya au Sénat.

La commission du Sénat reconnut, elle aussi, que l'article 908, « était une atteinte à la liberté et à l'autorité paternelles, souvent une injustice, plus souvent encore une objection et un obstacle aux reconnaissances des enfants naturels que la loi doit encourager (1). » Elle adopta l'article qui avait été voté par la Chambre et proposa de le sanctionner en ajoutant un paragraphe à l'article 921, qui aurait été alors ainsi conçu : « La réduction des dispositions entre-vifs ne « pourra être demandée que par ceux au profit « desquels la loi fait la réserve. *Le présent article* « *s'applique aux dispositions faites par acte entre* « *vifs ou testamentaire aux enfants naturels,* « *par leur père ou par leur mère qui les ont léga-* « *lement reconnus.* »

La discussion de cet article au Sénat eut lieu dans les séances des 21 et 22 mars 1895 et 21 juin de la même année, et le projet de la commission du Sénat fut l'objet d'une opposition très vive de la part de MM. les sénateurs Grivart et Thézard.

M. Grivart demanda le maintien pur et sim-

---

(1) J. O. *Doc. Parlem.*, Sénat 1895, annexe 8, p. 5.

ple de l'article 908, dans l'intérêt de l'ordre social : « Votre Commission, dit-il, a été très énergique pour combattre l'assimilation légale des enfants naturels aux enfants légitimes. Elle ne veut pas de l'assimilation légale, mais elle vous propose, au moins dans une très large mesure, l'assimilation facultative ; elle ne veut pas que la loi mette sur le même rang la filiation légitime et la filiation naturelle, au point de vue des droits successifs, — cela serait choquant, — contraire à l'ordre public, — aux convenances sociales, — mais en même temps qu'elle vous propose fermement cette limitation des droits des enfants naturels, elle vous demande d'autoriser, je le répète, dans la plus large mesure, le père et la mère, enclins à le faire par une secrète tendance à créer l'assimilation, à la pratiquer sous le couvert de la loi (1) ». Lors de la seconde délibération, M. Grivart disait encore : « Si c'est pour une raison d'ordre social que l'assimilation se trouve repoussée par la loi, est-il possible que cette même loi autorise les parents à la créer facultativement ? Ne serait-il pas contraire au droit et à la raison de permettre de déroger au préju-

---

(1) J. O. Séance du 21 mars 1895.

dice de l'intérêt social, de l'ordre public, à la
règle édictée, et cela dans un intérêt privé,
intérêt de sentiment et d'affection.

« Et cette faculté de déroger à la loi, à qui
serait-elle accordée ? A ceux précisément contre
le sentiment présumé desquels la limitation de
la part successorale de l'enfant naturel a été
édictée (1). »

M. Thézard, de son côté, demandait à ce que les
père et mère pussent librement disposer au profit
de leur enfant naturel, même par donations entre-
vifs, tout en admettant qu'un maximum fut fixé
et que l'ensemble des libéralités n'excédât jamais
une part d'enfant légitime, le moins prenant :
« L'article 908, disait-il, tel qu'il est présenté par
la Commission, ne me paraît pas devoir être
accepté, et, sur ce point, mon opinion est conforme à celle de l'honorable M. Grivart, sauf
qu'elle est absolument contraire. Le projet de
la commission, en effet, constitue une disposition transactionnelle entre deux systèmes oppo-
sés, et à mon avis il est indispensable d'opter
entre ces deux systèmes d'une façon absolue. »

Ayant ainsi posé la question, M. Thézard pour-
suivait : « La Commission sénatoriale n'a envisagé qu'un côté de la question : l'irrévocabilité

____

(1) J. O. Séance du 21 juin 1895.

de la donation, la révocabilité du testament.
Mais ce n'est pas le seul point de vue auquel il
faut se placer. Il est nécessaire d'envisager la
comparaison des dangers de l'une et de l'autre
forme de libéralités. Or, si la donation est irrévocable, elle est par cela même consentie avec
beaucoup moins de facilité. Le désaisissement
actuel et irrévocable qui en est la suite, pré-
munit le disposant contre un entraînement
irréfléchi. Pour le testament, il n'y a rien de
pareil. Le testateur, alors même qu'il ne l'est
pas en réalité, se croit toujours libre d'anéan-
tir ce qu'il vient de faire. Le testament n'est-il
pas plus dangereux que la donation, à raison
du peu de formes qu'il nécessite? On peut tester
à toute heure, en tout lieu, dans le plus grand
secret et sous l'influence des causes les plus
insidieuses. Des procès sans nombre ne le
prouvent-ils pas jusqu'à l'évidence? Est-il permis d'oublier ces testaments *in extremis*, arra-
chés à la faiblesse d'un mourant? En somme,
il y a une grande compensation entre les dangers de la donation et ceux du testament, et,
si on comprenait que l'on favorisât une des
deux sortes de libéralités plus que l'autre, ce
devrait être les donations, surtout celles qui
sont faites par contrat de mariage (1). »

---

(1) J. O. Séance du 21 mars 1895.

Malgré l'argumentation si logique de M. Thézard, le Sénat fut d'avis de conserver la distinction votée par la Chambre des Députés, entre les donations entre-vifs et les testaments. Cependant, à la suite de critiques très justes de M. Thézard, sur la disposition additionnelle à l'article 921, la Commission sénatoriale se décida à la supprimer et rédigea le texte suivant, qui fut adopté par le Sénat et devint le nouvel article 908 :

« Les enfants naturels légalement reconnus ne
« pourront rien recevoir par donation entre-vifs
« au-delà de ce qui leur est accordé au titre des
« successions. Cette incapacité ne pourra être
« invoquée que par les descendants du donateur,
« par ses ascendants, par ses frères et sœurs
« et les descendants légitimes de ses frères et
« sœurs.

« Le père ou la mère qui les ont reconnus, pour-
« ront leur léguer tout ou partie de la quotité
« disponible, sans toutefois qu'en aucun cas,
« lorsqu'ils se trouvent en concours avec des
« descendants légitimes, un enfant naturel puisse
« recevoir plus qu'une part d'enfant légitime le
« moins prenant.

« Les enfants adultérins ou incestueux ne pour-
« ront rien recevoir par donation entre-vifs ou
« par testament, au-delà de ce qui leur est accordé
« par les articles 762, 763 et 764. »

La distinction entre les donations entre-vifs et les libéralités testamentaires, ayant été introduite dans le nouvel article 908, nous avons à étudier la situation que la loi du 25 mars 1896 a faite aux enfants naturels reconnus, lorsque leurs père ou mère les ont gratifiés par donation entre-vifs ou par testament.

I. — DONATIONS ENTRE-VIFS.

Le paragraphe premier du nouvel article 908 ayant maintenu l'incapacité de l'enfant naturel, qu'édictait le Code civil, en ce qui concerne les donations entre-vifs, la question est restée ce qu'elle était autrefois.

Comme autrefois, l'incapacité de l'enfant naturel en matière de donations entre-vifs n'existe qu'autant que la donation émane du père ou de la mère qui a reconnu l'enfant naturel donataire, ou vis-à-vis duquel sa filiation a été judiciairement constatée. L'enfant naturel reste donc capable de recevoir des donations des père et mère de ses auteurs et de leurs autres parents, puisqu'aucun lien de famille ne le rattache à eux et qu'il se trouve vis à vis d'eux dans la situation d'un étranger (1).

Il faut de plus que l'enfant ait été légalement reconnu, c'est ce que le nouvel article 908 stipule formellement.

On ne peut plus soutenir, par conséquent, que l'enfant naturel est atteint par l'incapacité de l'article 908, même lorsque la reconnaissance est irrégulière, s'il est démontré que la qualité d'enfant naturel est la cause déterminante de la libéralité.

La jurisprudence décidait en effet sous l'empire du Code civil que les libéralités faites par testament olographe à un enfant naturel reconnu dans ce testament, devaient être réduites à la portion héréditaire, si elles avaient pour cause unique la qualité d'enfant naturel du légataire (2).

La doctrine refusait d'admettre cette déci-

____

(1) Demolombe, t. XIV, n° 83 et t. XVIII, n° 562. — Aubry et Rau, t. VII, § 649, p. 35. — Laurent, XI, n° 369. — Baudry-Lacantinerie et Colin, t. I, n° 464. — Rouen, 20 mars 1851, D. P., 1851, 2, 216.

(2) Demolombe, t. V, n° 527. — Baudry-Lacantinerie et Col'n, t. I, n° 465 et s. — *Cassation*, 28 mars 1878, D. P., 1878, I, 401. — *Cassation*, 21 juillet 1879, D. P., 1881, I, 348. — Paris, 11 août 1866, D. P. 1866, 2. 168. — Caen, 11 décembre 1876, D. P. 1878, 5. 192.

sion (1) et c'est pour mettre fin à la controversé que le·législateur de 1896 a ajouté dans l'article 908 les mots : « légalement reconnus. » Pour que l'enfant naturel soit frappé par l'incapacité de l'article 908, il faut donc qu'il ait été reconnu dans un acte authentique.

L'enfant naturel non reconnu est un étranger qui peut légalement recevoir des donations ou des legs de ses père et mère. Les père et mère d'un enfant naturel qui ne l'auront pas reconnu pourront donc lui faire des donations valables et les parents de ces auteurs ne seront pas autorisés à établir contre l'enfant naturel la paternité ou la maternité de ses auteurs dans les cas exceptionnels où cette recherche est autorisée, afin de lui faire application des dispositions restrictives de l'article 908. La jurisprudence n'admet pas, en effet, que la recherche de la filiation naturelle, qui n'est autorisée que dans l'intérêt de l'enfant naturel, soit poursuivie contre lui (2).

L'incapacité édictée par le nouvel article 908 atteint non seulement les enfants naturels, mais

---

(1) Demolombe, t. V. p. 429. — Laurent, t. XI, n° 336. — Huc, t. VI, n° 97. — Nîmes, 1ᵉʳ février 1843. D. Rép. Paternité et filiation, n° 539.

(2) *Cassation*, 23 juillet 1878, D. P., 1879, I, 15.

encore d'après l'opinion générale leurs descendants légitimes. « Les enfants ou descendants
légitimes de l'enfant naturel venant, au cas de
son prédécès, dit M. Campistron, réclamer sa part
héréditaire, devront rapporter les dons qui lui
ont été faits par ses père ou mère, ainsi que
ceux qu'ils ont eux-mêmes reçus de son vivant »
et il ajoute « à l'égard desquels ils sont présumés
être personnes interposées (Art 911). » Cet
auteur estime, en effet, avec la doctrine et la
jurisprudence que l'article 908 édictant une
incapacité, doit être interprété restrictivement,
et que les descendants légitimes de l'enfant
naturel n'y étant pas mentionnés ne peuvent
être atteints par cette incapacité. Toutefois, leur
faisant application de l'article 911, qui considère
comme personnes interposées les descendants de
l'incapable, il les frappe indirectement de la
même incapacité (1).

Devront-ils également être considérés comme
atteints par l'incapacité de l'article 908, lorsqu'ils
auront été gratifiés à une époque où l'enfant
naturel était déjà décédé ? L'affirmative est
difficile à soutenir pour les auteurs qui fondent

---

(1) Campistron, p. 54. — Aubry et Rau, t. VII, § 649, p. 36.
— Laurent, t. XI, n° 368.

l'incapacité des descendants légitimes sur l'article 911. Dans ce cas, il n'y a plus, en effet, de présomption d'interposition de personnes et il n'y a plus lieu de tenir compte du premier alinéa de l'article 908. C'est ce que la jurisprudence décide d'une façon constante (1). La doctrine au contraire est divisée et un grand nombre d'auteurs enseignent que « les descendants légitimes de l'enfant naturel ont dans la pensée du législateur une situation exactement semblable à celle de leur auteur, et que leurs droits, identiques aux siens, doivent avoir les mêmes limites et être soumis aux mêmes restrictions » (2).

La question présente surtout une grande importance au point de vue de l'action à intenter contre les descendants légitimes de l'enfant naturel prédécédé. Si leur incapacité est fondée en effet sur la présomption de l'article 911, c'est une action en nullité qu'il faudra exercer, l'article 911 disposant que « toute disposition au profit d'un incapable sera nulle, soit qu'on la

---

(1) *Cassation*, 13 avril 1840. Sirey, 1840, I, 440. — Montpellier, 28 janvier 1864, S. 1864, 2, 84. — *Cassation*, 18 mai 1878, S. 1879, I, 337. — Bastia, 23 juillet 1878, S. 1878, 2, 260. — *Cassation*, 21 juillet 1879, S. 1880, I, 31.

(2) Poilroux, *op. cit.*, p. 172. — Demolombe, t. XVI, n° 200. — Aubry et Rau, t. VI, § 631, p. 622.

déguise sous la forme d'un contrat onéreux, soit
qu'on la fasse sous le nom de personnes interposées. » On répond à cela que l'enfant naturel n'est
pas absolument incapable, qu'il a une capacité
réduite, et que le mot « nulle » de l'article 911
est pris au sens de nulle dans la mesure où existe
l'incapacité. Quand l'incapacité n'est que partielle,
dit-on encore, la donation aussi n'est nulle que
pour partie. Cette opinion a été confirmée par un
jugement du Tribunal de la Seine, du 16 avril
1896 (*Gaz. Palais*, 1896, I, 758 et la note) malgré
le texte formel de l'article 911.

N'admettant pas, pour notre part, que l'incapacité des descendants légitimes soit fondée sur
l'article 911, mais bien qu'elle est une conséquence du texte de l'article 908, nous pensons,
ainsi que nous l'exposerons plus loin, que les
libéralités faites aux descendants légitimes
d'enfants naturels reconnus par les père et
mère de leurs auteurs, sont simplement réductibles au montant de ce qu'ils peuvent valablement recevoir.

L'incapacité édictée par l'article 908 en ce qui
concerne les donations entre vifs, s'étend à toutes
les donations quelle que soit leur forme, quelle que
soit leur cause ; donations par acte authentique,
ou dons manuels ; donations par préciput et
hors part ; donations déguisées sous la forme

d'un contrat onéreux ou faites à des personnes interposées et désignées comme telles par l'article 911 du Code civil ; donations à titre de partage anticipé ; donations pour cause de mariage, constitutions de dot, et institutions contractuelles.

Lors de la première délibération au Sénat, M. le sénateur Pauliac avait proposé d'excepter les donations faites à l'enfant naturel dans son contrat de mariage : « Le père remplit bien un devoir en mariant son fils naturel, par suite en le dotant, avait-il dit. La donation qu'il fera sera bien libre, assez longtemps réfléchie. Elle pourra même avoir pour objet seulement une partie de la succession du donateur, qui ne se dépouille pas actuellement. Cependant la commission la met sur le même pied que les autres.

« Si l'article 908 est maintenu, j'appelle l'attention du Sénat sur l'utilité d'en excepter les donations contractuelles (1). »

M. Thévenet déposa un amendement ainsi conçu : « Les donations par contrat de mariage sont exceptées. » Cet amendement devait être placé à la suite du premier alinéa de l'article 908.

M. Dauphin, rapporteur, combattit cette proposition, disant qu'il faudrait alors « compléter et

____

(1) J. O., 23 mars 1895, p. 226.

généraliser la proposition et l'appliquer à d'autres
cas que celui du mariage, cas impossibles à énu-
mérer et pour lesquels une formule générale
risquerait de faire naître beaucoup d'abus ».
L'amendement de M. Thévenet, repoussé par la
commission, fut rejeté par le Sénat (1).

L'article 908 s'applique-t-il au cas d'une donation faite avec dispense de rapport, soit à charge
de rente viagère, soit à fonds perdu, soit avec
réserve d'usufruit consentie à l'enfant naturel par
ses père ou mère ? L'opinion générale s'appuyant
sur les dispositions formelles de l'article 918 se
prononce sur cette question dans le sens de l'affirmative (2). M. Campistron estime au contraire
que les dispositions de l'article 918 sont exceptionnelles. « La loi, en effet, dit-il, présume une
donation et c'est comme correctif de cette présomption, peut-être contraire à la vérité, qu'elle
admet la dispense de rapport. Or, dans l'espèce
qui nous occupe, la dispense de rapport ne pouvant avoir d'effet, il en résulte que la présomption
de donation dont elle est l'accessoire ne saurait
être admise.

---

(1) J. O., 23 mars 1895, p. 229.
(2) Mesnard. *Droits successoraux des enfants naturels*,
p. 252, n° 129.

L'enfant naturel devra donc être considéré comme acquéreur à titre onéreux, tant qu'il ne sera pas établi contre lui, ce qui d'ailleurs peut l'être, par toute espèce de moyens, qu'il lui a été fait une libéralité déguisée (1). »

Nous estimons pour notre part que l'article 918 édicte une règle générale et que la présomption qu'il établit, permettant de faire rentrer dans la dénomination de donations entre vifs les donations qu'il désigne, les fait en conséquence tomber sous le coup de l'article 908.

Tombent également sous le coup de l'article 908, les donations faites à l'enfant naturel antérieurement à sa reconnaissance. La reconnaissance est, en effet, non pas attributive, mais déclarative de filiation, et l'enfant est censé avoir été reconnu au jour de sa naissance. L'enfant naturel se trouve dans le cas du donataire venant à la succession du donateur, et que l'article 846 oblige au rapport, alors même qu'il n'était pas héritier présomptif, lors de la donation, à moins que le donateur ne l'en ai dispensé (2).

---

(1) Campistron, *op. cit.* p. 54.

(2) Dijon, 18 décembre 1891, D. P. 1892, 2, 217, note de Loynes. — Cassation, 22 janvier 1884, D. P. 1884, 1, 117. — Marcadé. Art. 908 et 911. — Demolombe, t. V, n° 554, t. XVI, n° 95, t. XVIII, n° 561. — Baudry et Wahl, t. I, n° 276.

Toutefois, il ne faut pas considérer comme donations entre vifs les libéralités que l'article 852 dispense du rapport : « les frais de nourriture, d'entretien, d'éducation, d'apprentissage, les frais ordinaires d'équipement, ceux de noces et présents d'usage. L'enfant naturel peut certainement les conserver, de même que les fruits et intérêts des biens qui lui ont été donnés et qu'il a perçus avant l'ouverture de la succession.

Voyons, maintenant, quelles personnes pourront se prévaloir de l'incapacité édictée par l'article 908.

Sous le régime du Code civil, cette question était fortement controversée, l'ancien article 908 ne renfermant aucune disposition à ce sujet, la jurisprudence décidait généralement, ainsi que nous l'avons vu, que l'indisponibilité était une règle d'ordre public, établie dans l'intérêt de la famille légitime et on en concluait que, non seulement les héritiers légitimes du donataire, mais même un légataire universel et par conséquent tous les intéressés, pouvaient s'en prévaloir (1). La doctrine enseignait, au contraire, que

---

(1) Demolombe, t. XIV, n° 563. — Laurent, t. XVIII, n° 689. Cassation, 7 février 1865, D. P. 1865, 1, 49. — Paris, 6 août 1872, D. P. 1874, 1, 94. — Lyon, 23 mars 1855, D. P. 1856, 2, 3.

ce droit n'appartenait qu'aux seuls héritiers légitimes (1).

Le texte rédigé par la commission de la Chambre des députés et voté par cette dernière ne désignait pas plus que l'ancien article 908 les personnes pouvant invoquer l'incapacité de l'enfant naturel.

Ce texte fut également adopté en première délibération par le Sénat, mais la commission sénatoriale avait pris soin de faire voter en même temps le paragraphe additionnel suivant à l'article 921 : « Le présent article s'applique aux dispositions faites par acte entre-vifs ou testamentaire aux enfants naturels par leur père ou par leur mère ». D'après cette disposition, les héritiers réservataires, c'est-à-dire les descendants, ascendants, leurs héritiers et ayant-cause, pouvaient seuls invoquer l'incapacité de l'enfant naturel, à l'exclusion des frères et sœurs et de leurs descendants.

C'était confondre deux choses bien différentes : La réserve héréditaire établie par l'article 920 qui vise les donations excédant la quotité dis-

---

(1) Contra : Baudry-Lacantinerie et Colin. *Donations entre vifs et Testaments*, t. I, nᵒˢ 469 et 470. — Rennes, 26 juillet 1843, S. 1844, 2, 341. — Toulouse, 7 février 1844, S. 1845, 2, 256.

ponible, et l'action en réduction visant celles qui excèdent la part attribuée à l'enfant naturel dans les articles 756 et 757 (nouveaux).

A la suite des critiques très justes de M. Thézard, la commission supprima la disposition additionnelle do l'article 921 et ajouta au premier alinéa de l'article 908, un paragraphe ainsi conçu : « Cette incapacité ne pourra être invoquée que par les descendants du donateur, par ses ascendants, par ses frères et sœurs, et par les descendants légitimes des frères et sœurs. »

Ce texte, adopté par le Sénat en deuxième délibération, a passé dans la loi et a tranché définitivement la controverse en désignant d'une manière limitative les personnes qui pourront demander la réduction des libéralités faites à l'enfant naturel.

Seuls les descendants, les ascendants, les frères et sœurs et les descendants des frères ou sœurs, c'est-à-dire les héritiers légitimes dont la présence a pour effet de restreindre les droits successoraux de l'enfant naturel dans la succession *ab intestat* du donateur, ont donc le droit de se prévaloir de l'incapacité édictée par l'article 908. Seuls aussi, ils peuvent renoncer à invoquer cette incapacité et ratifier les libéralités excessives faites à l'enfant naturel (1).

Mais, pour exercer ce droit, il faut que ces personnes viennent à la succession. Par conséquent, les ascendants ou les frères et sœurs en présence d'un enfant légitime, les ascendants autres que les père et mère en présence de frères ou sœurs ou de descendants de frères et sœurs, les renonçants et les indignes n'exercent pas ce droit.

Il en est de même des collatéraux ordinaires qui sont exclus de la succession par l'enfant naturel, des autres enfants naturels, et du conjoint survivant qui peut être entièrement dépouillé de ses droits successifs en toute propriété ou en usufruit par une donation faite à l'enfant naturel.

L'article 908 ne mentionne pas non plus les créanciers du *de cujus*, ni le légataire universel. Nous avons vu que sous l'empire du Code civil la jurisprudence accordait (1) à ce dernier le droit d'exercer l'action en nullité, particulièrement dans le cas où l'enfant naturel se trouvait en concours avec des frères ou sœurs exclus de la succession par l'institution de ce légataire. Pour justifier ce système, on disait que, les frères et sœurs étant exclus par l'institution du légataire universel et le légataire universel n'ayant pas le droit d'invoquer l'article 908, il arriverait fatale-

---

(1) Rennes, 26 juillet 1843. Sirey, 1844, 2, 341. — Toulouse, 7 février 1844, S., 1845, 2, 256. — Baudry-Lacantinerie et Colin, t. I, n° 469.

ment que l'enfant naturel recueillerait, malgré la présence des frères et sœurs, une part plus forte que celle à laquelle il aurait eu le droit de prétendre dans la succession *ab intestat* du *de cujus*. C'était là un moyen très simple pour l'auteur de l'enfant naturel d'exhéréder ses frères et sœurs pour éviter de faire tomber des libéralités adressées à cet enfant sous le coup de l'article 908.

Cette opinion, contraire au système que nous soutenons, a d'abord le très grand tort de faire figurer le légataire universel parmi des personnes limitativement déterminées et d'ajouter au texte de l'article 908, alors que celui-ci, édictant une incapacité, doit être interprété restrictivement. De plus, on ne voit pas très bien pourquoi l'auteur de l'enfant naturel aurait recours à une semblable combinaison, puisqu'il peut maintenant arriver au même résultat en léguant à l'enfant naturel toute l'hérédité, ce à quoi l'article 908 l'autorise quand il ne laisse pas d'héritiers réservataires.

Cependant, les frères et sœurs auront toujours le droit de prouver que le legs est simulé et destiné à les écarter de la succession, afin de les empêcher de demander la réduction de la donation.

Ils pourront ainsi recouvrer le droit que leur confère l'article 908.

Quelle est donc la nature juridique de l'action

que l'article 908 accorde aux héritiers légitimes en concours avec l'enfant naturel, pour l'empêcher de recevoir par donation entre-vifs au-delà de sa part *ab intestat ?*

Nous venons de voir que sous l'empire du Code civil la question était fortement controversée : la doctrine qualifiait généralement la règle de l'article 908 de règle d'indisponibilité réelle et lui donnait, comme sanction, une action en réduction, tandis que la jurisprudence la qualifiait de règle d'indisponibilité personnelle et la sanctionnait par une action en nullité qu'elle accordait à tous les intéressés.

Nous avons vu également que, lors des travaux préparatoires de la loi du 25 mars 1896, la commission du Sénat, désireuse de mettre fin aux controverses, l'avait formellement sanctionnée par l'action en réduction de l'article 921 du Code civil. Mais que, sur l'observation de M. Thézard, que l'action de l'article 921 avait été établie uniquement dans l'intérêt des héritiers réservataires, tandis que celle qui devait sanctionner l'article 908 était destinée à protéger les intérêts des héritiers légitimes, le paragraphe ajouté à l'article 921 avait été supprimé. Le texte que le Sénat adopta ensuite et qui est devenu le nouvel article 908, n'a pas mis fin à la controverse.

Ce qui ressort des travaux préparatoires, c'est que dans l'idée du législateur, l'action qui devait servir de sanction à l'indisponibilité de l'article 908, était une action en réduction. Sans doute, le législateur a employé le mot « incapacité », mais comme le fait remarquer M. Poilroux (1), « il s'agit plutôt ici d'une indisponibilité réelle que d'une incapacité proprement dite. La loi institue en somme une sorte de réserve spéciale, et interdit aux père et mère de disposer par donation entre-vifs au profit de l'enfant naturel, des biens composant cette réserve ; mais l'enfant n'est pas personnellement incapable de recevoir même au-delà des limites de l'article 908 ».

Du reste, cette prohibition de l'article 908 n'est pas une disposition d'ordre public, édictée en haine de l'illégitimité et sanctionnée par une action en nullité, puisqu'elle n'a d'autre but que de protéger les intérêts des héritiers légitimes et que les personnes qui peuvent s'en prévaloir sont limitativement désignées. Peut-il être question d'incapacité quand, pour apprécier la validité de la disposition, il faut attendre la mort du donateur et tenir compte de la qualité des héritiers et de l'importance de la succession, sans

____

(1) Poilroux, *op. cit.*, p. 167.

rechercher si le donataire était capable quand il a reçu la libéralité.

Les donations visées par l'article 908 sont donc simplement réductibles et restent valables pour la partie qui n'excède pas le droit héréditaire de l'enfant naturel (1).

L'opinion contraire est cependant soutenue par plusieurs auteurs, qui enseignent que l'action de l'article 908 est une action en nullité, fondée sur un motif d'ordre public : la protection de la famille légitime. « Comme conséquence, dit M. Gérard (2), les parents que mentionne l'article 908, ne pour-ront valablement renoncer à leur action, ni tran-siger à son sujet ; l'enfant ne pourra imputer la chose donnée sur sa part héréditaire, et les tiers détenteurs ne seront pas fondés à exiger que l'ac-tion soit exercée suivant l'ordre des dates des alié-nations (articles 924-930). »

M. Campistron n'admet ni l'une ni l'autre de ces doctrines (3).

Pour cet auteur, il n'y a ici ni incapacité, ni indisponibilité réelle. L'article 908 aurait sim-plement pour effet de rendre obligatoirement rap-

---

(1) Mesnard, *Droits successoraux des enfants naturels*, p. 71. — Poilroux, *op. cit.*, p. 178.

(2) Gérard, *op. cit.*, p. 171.

(3) Campistron, *op. cit.*, p. 50.

portables toutes les donations même préciputaires consenties à l'enfant naturel comme si elles avaient été faites en avancement d'hoirie.

Ces doctrines sont à notre avis absolument erronées : La première est en contradiction avec les idées des rédacteurs du nouvel article 908 et avec l'esprit général de la loi. La seconde repose sur une supposition purement gratuite et son auteur l'a si bien compris, qu'il en a commencé l'exposé par ces mots : « L'interprétation, ou plutôt la traduction que nous donnons de l'article 908, n'est pas aussi fantaisiste qu'elle le paraît à première vue. »

A quelle époque l'action en réduction pourra-t-elle être exercée ?

Les héritiers désignés par l'article 908 ne pourront exercer l'action en réduction qu'au moment du décès du donateur, contre l'enfant naturel donataire. Ce n'est en effet qu'à cette époque que l'on pourra savoir si la donation est excessive d'après la qualité des héritiers et l'importance des biens composant la succession. L'enfant naturel jouira donc jusqu'à l'ouverture de la succession de tous les biens qui lui auront été donnés et en percevra les fruits et intérêts sans être tenu à aucune restitution envers ses cohéritiers (1).

———

(1) Demolombe, t. XVIII, n° 558. — Demante, t. IV, n° 28 *bis*.

Si l'enfant vient à la succession et que les libéralités dont il a été gratifié par le *de cujus*, excèdent sa part *ab intestat*, l'action en réduction aura pour résultat de faire réduire ces libéralités à la quotité attribuée à l'enfant naturel par les articles 758 et 759.

Si l'enfant naturel renonce à la succession, pourra-t-il se prévaloir de l'article 845 du Code civil et opposer le droit qu'il confère à tout héritier renonçant, pour retenir la donation qui lui aurait été faite, jusqu'à concurrence de la quotité disponible? Cette combinaison serait, en effet, très avantageuse dans le cas où sa part héréditaire serait inférieure à la quotité disponible, mais elle aurait le tort d'être en contradiction formelle avec l'article 908, qui fixe le maximum des libéralités qui peuvent être adressées à l'enfant naturel, à la part *ab intestat* de cet enfant dans la succession du donateur. Comment faut-il donc procéder en présence de ces deux dispositions en apparence incompatibles. Suivant une théorie généralement acceptée « il faut appliquer à la lettre à l'enfant naturel donataire renonçant, l'article 845 avec la modification que cette disposition reçoit de l'article 908. Il faut lui permettre de retenir la quotité disponible, celle qu'obtiendrait un étranger, sans que jamais il puisse avoir plus que sa part héréditaire. »

Si donc la quotité disponible est supérieure à sa part héréditaire, l'enfant naturel ne pourra pas prétendre à la quotité disponible. Si elle est égale, il n'y a aucune difficulté. Si elle est inférieure, il ne pourra pas retenir sa part héréditaire et n'aura droit qu'à la quotité disponible.

L'enfant naturel ne peut donc, même en renonçant à la succession, éviter la réduction des donations excessives qui lui ont été faites, car son incapacité tient, non à la qualité d'héritier, mais à celle d'enfant naturel.

II. — Testaments.

Nous venons de voir qu'en ce qui concerne les donations entre-vifs faites à l'enfant naturel, la loi du 25 mars 1896 a reproduit l'ancienne limitation de l'article 908 du Code civil. En ce qui concerne les libéralités testamentaires, le législateur de 1896 a, au contraire, opéré une réforme très importante, en donnant à l'enfant naturel la capacité de droit commun, et en lui permettant de recevoir de son père ou de sa mère, par testament, tout ou partie de la quotité disponible.

Le paragraphe deuxième de l'article 908, est en effet ainsi conçu :

« Le père ou la mère qui les (les enfants natu-
« rels) ont reconnus, pourront leur léguer tout
« ou partie de la quotité disponible. »

Le législateur a malheureusement cru devoir apporter à ce principe, la restriction suivante :

« Sans toutefois qu'en aucun cas, lorsqu'ils se
« trouvent en concours avec des descendants
« légitimes, un enfant naturel puisse recevoir
« plus qu'une part d'enfant légitime le moins
« prenant. »

Cette restriction que l'on voudrait justifier en invoquant les droits des héritiers légitimes, nous paraît très critiquable; nous ne voyons pas, en effet, en quoi les droits des héritiers légitimes sont plus lésés, lorsqu'un père lègue à son enfant naturel qu'il a reconnu, sa quotité disponible, que quand il la lègue à un étranger, ou à son enfant naturel qu'il n'a pas reconnu. Ce n'est, en réalité, qu'une inconséquence due « à la haine de l'illégitimité. »

Avant la loi du 24 mars 1898, les libéralités visées par ce deuxième paragraphe de l'article 908, ne pouvaient être que les legs faits par préciput et hors part, puisque seuls ils augmentaient la part héréditaire de l'enfant naturel; les legs faits sans dispense de rapport étant toujours rapportables, l'enfant naturel ainsi gratifié n'obtenait pas plus que sa part *ab intestat*. Depuis la loi du 24 mars 1898, il n'est plus nécessaire que le testateur stipule que le legs est fait par préciput et hors part, puisque d'après le nouvel article 843, les legs sont toujours réputés faits par préciput et hors part, à moins que le testateur n'ait exprimé la volonté contraire, auquel cas le légataire ne peut réclamer son legs qu'en moins prenant.

L'enfant naturel reconnu, peut donc désormais être institué légataire de la quotité disponible par ses père et mère, à la condition toutefois, si le défunt laisse des descendants légitimes, que ce legs n'excède pas une part d'enfant légitime le moins prenant. Et dans le cas où les libéralités testamentaires excèderaient une part d'enfant légitime le moins prenant, les descendants légitimes auraient seuls le droit d'en demander la réduction.

Examinons les différents cas qui peuvent se présenter :

1° *Le défunt laisse un enfant naturel et des descendants légitimes.*

L'enfant naturel ne peut donc recevoir par legs plus d'une part d'enfant légitime le moins prenant, c'est-à-dire que le legs ajouté à sa part héréditaire, ne doit pas dépasser la part de l'enfant légitime le moins favorisé. Supposons qu'un père ayant plusieurs enfants légitimes fasse un legs à l'un de ces enfants sans en faire aux autres, l'enfant naturel, en concours avec eux, ne pourra pas recevoir par testament un legs, qui, ajouté à sa part *ab intestat*, excéderait la part d'un enfant légitime non favorisé.

Si le défunt laisse des descendants d'un enfant légitime prédécédé, ces enfants représentant leur père, doivent être comptés par souche et l'enfant naturel ne peut pas recevoir plus que la part de l'enfant légitime prédécédé le moins favorisé.

Supposons, au contraire, que le défunt laisse des descendants au premier degré, mais qu'ils sont renonçants ou indignes, de sorte que les petits enfants succèdent de leur chef. Dans quelle mesure l'enfant naturel pourra-t-il conserver les libéralités testamentaires qui lui sont faites par son auteur ?

L'enfant naturel en concours avec des descendants au deuxième degré venant de leur chef, a droit, *ab intestat*, à la moitié de la succession, puisque, s'il avait été légitime, il en aurait recueilli la totalité. Or, cette moitié sera le plus souvent supérieure à la part que reçoivent les descendants au deuxième degré. On reconnaît généralement qu'il

n'y a pas lieu de tenir compte du paragraphe
deuxième de l'article 908, dans cette hypothèse,
et que l'enfant naturel peut recevoir comme un
étranger, toute la quotité disponible en ne laissant aux petits enfants que leur réserve.

2° *Le défunt laisse un enfant naturel et des ascendants.*

La capacité de l'enfant naturel est, dans ce
cas, égale à celle d'un étranger; il peut donc
recevoir toute la succession, sauf la réserve
accordée aux ascendants par le nouvel article 915
et qui est fixée à un huitième. La part *ab intestat* de l'enfant naturel, en concours avec des ascendants étant des trois quarts de la succession
ou 6/8, le maximum qu'il pourra recueillir par
testament est donc des 7/8 de la succession.

3° *Le défunt laisse un enfant naturel et des frères et sœurs, ou des descendants légitimes de frères ou sœurs.*

Dans ce cas, l'enfant naturel peut recevoir la
succession toute entière, puisque les frères et
sœurs ne sont pas des héritiers réservataires. Par

conséquent, la controverse qui existait avant la loi de 1896, sur le point de savoir si l'auteur d'un enfant naturel pouvait léguer la quotité disponible à un tiers, en stipulant que le legs serait acquitté sur la part *ab intestat* des héritiers légitimes non réservataires, est aujourd'hui tranchée. Autrefois, une pareille disposition était une violation de l'article 908, puisqu'elle attribuait à l'enfant naturel plus que sa part héréditaire aux dépens de la famille légitime. Depuis la loi de 1896, il n'en est plus de même, l'article 908 permettant de léguer la quotité disponible à l'enfant naturel lui-même.

4° *Le défunt laisse à la fois des frères et sœurs et des ascendants autres que son père et sa mère.*

Les frères et sœurs excluent les ascendants et empêchent par conséquent ces derniers de profiter de leur réserve. Mais dans le cas où les frères et sœurs sont eux-mêmes exclus par l'institution d'un légataire universel, les ascendants ne peuvent-ils pas venir à la succession ? La solution généralement admise est que les ascendants ne sauraient faire valoir leurs droits à la réserve tant que les collatéraux privilégiés ne sont pas renonçants ou indignes, parcequ'ils n'ont en l'espèce aucun droit héréditaire (1).

En résumé, l'enfant naturel a la même capacité qu'un étranger pour recevoir des libéralités testamentaires de ses père et mère. Il n'y a d'exception à cette règle, que lorsqu'il se trouve en concours avec des descendants légitimes du donateur, auquel cas il ne peut pas recueillir plus d'une part d'enfant légitime le moins prenant. Le nouvel article 908 permet donc à l'auteur d'un enfant naturel de faire à ce dernier une situation égale à celle de ses enfants légitimes. Ainsi que l'expliquait M. Thézard, au Sénat : « Un père a un enfant légitime et un enfant naturel et il possède une fortune de 100,000 francs. Il pourra, par testament, léguer à l'enfant naturel la moitié de sa fortune, soit une somme de 50,000 francs. Le legs aura tout son effet, puisque l'enfant naturel n'aura ainsi pas plus que l'enfant légitime. Ils auront 50,000 francs chacun (2). »

____

(1) Demolombe, t. XIX, nº 122. — Baudry-Lacantinerie et Colin, t. I, nº 740. — Cassation, 24 février 1863, D. P. 1863, 1, 21. — Cassation, 22 mars 1869, D. P. 1869, 1, 431. — Contra : Laurent, t. XII, nº 26. — Demante, t. IV, nº 50 *bis*.

(2) J. O., Sénat, 21 mars 1895, p. 221.

Certains auteurs enseignent même qu'au moyen de la disposition de l'article 908 concernant les libéralités testamentaires, les père et mère pourront soustraire leur enfant naturel reconnu à l'incapacité édictée contre lui par le premier paragraphe de ce même article : « Le père ou la mère, dit M. Huc, qui a fait une donation entre-vifs à son enfant naturel, ne s'est pas interdit de faire un testament au profit du même enfant. Par conséquent, après avoir fait une donation entre-vifs à son enfant naturel, le père (ou la mère) peut, par testament, attribuer au même enfant, les choses antérieurement données, et l'enfant pourra ainsi garder, jusqu'à concurrence du disponible, le bénéfice des libéralités entre-vifs qui lui auraient été faites. Il faut même reconnaître qu'un tel procédé rentre tout à fait dans l'esprit de la loi nouvelle (1). »

M. Campistron (2) prétend qu'une pareille dispense, bien que postérieure à la donation, n'en est pas moins destinée à faire corps avec elle ; et que prohibée dans l'acte de donation, elle serait

---

(1) Huc, *Commentaire du Code civil*, t. IX, n° 523, p. 630. — De même Vigié, p. 284. — Mesnard, n° 133. — Poilroux, p. 191. — Goguet, p. 174. — Gérard, p. 175.

(2) Campiston, p. 63.

nulle dans une donation postérieure, et par conséquent dans un testament. Nous répondons à cette objection avec M. Mesnard, que c'est précisément parce que la dispense résulte du testament et non d'une donation entre vifs, qu'elle est valable comme les dispositions testamentaires.

L'enfant naturel peut du reste se soustraire au rapport en renonçant à la succession ; mais, quelle que soit la nature du legs, il ne pourra le réclamer que jusqu'à concurrence de la quotité disponible, s'il n'y a pas d'enfants légitimes, et jusqu'à concurrence d'une part d'enfant légitime le moins prenant, s'il y a des enfants légitimes.

APPENDICE

—

De la capacité de recevoir de l'enfant naturel reconnu
dans le cas de l'article 337 du Code civil.

———

En traitant la question des droits héréditaires
de l'enfant naturel dans la succession de ses père
et mère, nous avons eu l'occasion d'examiner la
situation spéciale faite par la loi à l'enfant naturel reconnu, dans les conditions énumérées par
l'article 337. Il nous reste à étudier maintenant
le cas où l'enfant naturel reconnu dans ces mêmes
conditions est gratifié par l'auteur de la reconnaissance de libéralités entre-vifs ou testamentaires.

Sous l'empire du Code civil, c'était une question
fortement controversée que celle de savoir si
l'enfant naturel reconnu dans l'hypothèse prévue

par l'article 337, était incapable de recevoir de
celui de ses père et mère qui l'avait reconnu, des
libéralités quelconques, dans les limites de l'article 908.

La plupart des auteurs s'étaient prononcés
dans le sens de l'incapacité (1). Combinant entre
eux les articles 908 et 337, ils tenaient le raisonnement suivant : L'article 908 (ancien) interdit
à l'enfant naturel de rien recevoir par donation
ou testament, au-delà de sa part héréditaire.
Or, dans le cas de l'article 337, l'enfant naturel
n'a droit à aucune part héréditaire, car il nuirait
aux enfants du mariage et au conjoint survivant,
en venant à la succession. L'article 908 interdit
donc de lui donner ou de lui léguer quoi que ce
soit.

La Jurisprudence avait également adopté pendant longtemps le système enseigné par la doctrine, en le sanctionnant par plusieurs décisions
dont les principales sont un arrêt de la Cour de
Toulouse du 6 mai 1826 (2), et un arrêt de la
Cour de Poitiers du 4 mai 1858 (3), lorsque la

----

(1) Demolombe, t. V, n° 475. — Aubry et Rau, t. VI, § 568
quater, p. 184 et note 9. — Laurent, n° 364.
(2) Dalloz, Rép. *Paternité et filiation*, n° 689.
(3) D. P. 1859. 2, 122.

Cour de Nîmes, par un arrêt du 6 juin 1877 (1),
se prononça pour le système contraire, et résolut
la question en faveur de l'enfant naturel. A la
suite d'un pourvoi en cassation intenté contre cet
arrêt, la Cour de Cassation, par un arrêt du
28 mai 1878 (2), confirma l'arrêt de la Cour de
Nîmes.

Ces derniers arrêts sont basés sur cette considération que les droits de l'enfant naturel, gratifié d'une libéralité testamentaire, résultent d'un
testament et non de la reconnaissance. Or, l'article 337, ne privant l'enfant naturel que des
effets de la reconnaissance, c'est-à-dire de ses
droits de succession *ab intestat* au regard des
enfants du mariage et du conjoint survivant, ne
peut en conséquence être appliqué dans ce
cas (3).

Lors de la discussion du nouvel article 908, au
Sénat, il fut à différentes reprises question de la
corrélation existant entre cet article et l'article 337.

Au cours de la première délibération, M. le
sénateur Grivart avait demandé le maintien de

___

(1) D. P. 1878. 1, 405.
(2) D. P. 1878. 1, 401.
(3) En ce sens : Poilroux, op. cit. p. 194.

l'ancien article 908 (1), et une des raisons qu'il
invoquait pour ce maintien, c'était l'atteinte que
l'article 337 recevrait indirectement par sa suppression : « Supprimez la disposition de l'article 908, disait-il, il ne reste rien de l'article 337,
je veux dire rien de sérieux, rien d'efficace.....
il y aura la faculté de tester..... Pourquoi cette
combinaison est-elle atteinte sous l'empire de la
législation qui nous régit? Elle est atteinte en
vertu de l'article 908, qui ne permet pas de léguer
ou de donner à un enfant naturel plus que ne
comporte son droit de succession. Or, comme dans
le cas de l'article 337, l'enfant naturel n'a aucun
droit de succession à l'encontre des enfants nés
du mariage et du conjoint, dans cette hypothèse
l'article 908 est applicable ; mais quand vous
l'aurez abrogé, il ne restera plus rien, si ce n'est,
pour l'auteur de la reconnaissance, le moyen
trop facile de spolier les enfants du mariage et
de faire tort au conjoint. »

M. Dauphin s'exprima également ainsi au sujet
des articles 337 et 908 : « Quand on refuse tout
effet à la reconnaissance pendant le mariage, par
voie de conséquence et à plus forte raison les
dispositions libérales doivent être interdites et ne

____

(1) J. O. 22 mars 1895. *Débats parlem.*, Sénat 1895, p. 218 et s.

sauraient nuire aux enfants légitimes, pas plus
que la reconnaissance elle-même (1). »

MM. Grivart et Dauphin paraissaient ignorer
complètement l'arrêt de cassation de 1878 en
tenant un semblable raisonnement. C'est ce que
M. Thézard leur fit observer, lors de la seconde
délibération (2), en leur rappelant que la jurisprudence reconnaissait la validité des libéralités
testamentaires faites à l'enfant naturel reconnu
dans les conditions visées par l'article 337.
M. Grivart répondit que l'arrêt de la Cour de
cassation du 28 mai 1878 n'était pas topique et
finalement la discussion se termina par ces paroles
de M. Dauphin : « La corrélation des articles 337
et 908 a donné lieu à des difficultés de jurisprudence et de doctrine. Je connais l'arrêt auquel
a fait allusion l'honorable M. Grivart, et j'ajoute
que je crois qu'il se trompe, quand il dit qu'il
n'est pas topique ; mais la question reste ce
qu'elle était et j'ai déjà eu l'honneur de dire au
·Sénat, dans les précédentes séances, que nous
n'avions pas l'intention de résoudre à propos de
la loi qui vous est soumise, la totalité des questions litigieuses qui ont été examinées par la
jurisprudence et qui le seront encore. »

____

(1) J. O. 22 mars 1895, *Débats parlem.*, Sénat 1895, p. 223.
(2) J. O. 22 juin 1895. *Débats parlem.*, Sénat 1895, p. 658.

« ..... Nous laissons à la jurisprudence à tran-
cher, comme elle l'a fait jusqu'ici, une foule de
questions que nous ne saurions résoudre sans
nous jeter dans des difficultés plus grandes et
sans exposer les tribunaux, par un texte nouveau
à des embarras plus considérables (1). »

Nous ne pensons pas que l'on puisse déduire de
ces paroles, comme l'ont fait plusieurs auteurs (2),
que le législateur, en s'en rapportant à la jurisprudence, ait approuvé par cela même la théorie
admise par la Cour de Cassation. La vérité est
que le Sénat ne s'est prononcé ni dans un sens ni
dans l'autre, puisque la question n'a pas été soumise à son vote, et que la loi du 25 mars 1896
n'a pas mis fin à la controverse.

Constatons toutefois que la nouvelle rédaction
de l'article 908 est plutôt défavorable à la théorie
que la doctrine fonde sur une corrélation entre
cet article et l'article 337.

Le nouvel article 908, énumère, en effet, les
personnes qui peuvent critiquer les donations
entre-vifs faites à l'enfant naturel et excédant sa
part héréditaire ; or, il ne cite que les descendants
légitimes, les ascendants et les collatéraux privi-

---

(1) J. O. 22 juin 1895. *Débats parlem.*, Sénat 1895, p. 658.
(2) Goguet, p. 192. — Poilroux, p. 199 et 200.

légiés du donateur. D'où les partisans du système de la doctrine doivent conclure que l'époux sur-vivant n'étant pas autorisé par l'article 908, qui pose un principe général, à demander la réduction de ces donations, ne pourra pas en demander la nullité dans le cas de l'article 337. Ce droit n'appartiendra qu'aux enfants nés du mariage.

Il en est de même lorsqu'il s'agit de libéralités testamentaires. Le nouvel article 908 permet à l'enfant naturel de recevoir des legs de ses père et mère, même lorsque ces legs excèdent sa part héréditaire, à condition cependant que l'enfant naturel, en présence de descendants légitimes, ne recueille pas plus qu'une part d'enfant légitime le moins prenant, et que ces libéralités ne dimi-nuent pas la réserve des ascendants. L'époux survivant n'ayant pas droit à une réserve, ne pourra donc pas attaquer ces libéralités testa-mentaires, même dans l'hypothèse de l'article 337, puisque l'article 908 ne l'y autorise pas (1).

Telles sont les conséquences que les partisans de la corrélation entre les articles 908 et 337, doivent logiquement tirer de la nouvelle rédaction de l'article 908.

Pour notre part, nous repoussons toute corré-

----

(1) En ce sens, Allard, p. 123.

lation entre ces deux articles et nous décidons que les libéralités consenties par les père et mère à l'enfant naturel, reconnu au cours du mariage, ne sont pas interdites par l'article 337, pour les raisons énumérées dans l'arrêt rendu par la Cour de Nîmes : « Attendu, dit cet arrêt, que la libéralité faite par donation ou testament à l'enfant naturel aura pour conséquence de lui conférer indirectement un droit que le législateur lui a dénié sur la succession, mais qu'il ne viendra pas le recueillir comme enfant, qu'il le recueillera au même titre qu'un étranger ; Attendu, que quelle que soit la défaveur qui s'attache à l'enfant naturel, il n'y a pas de motif en l'absence d'une disposition formelle de la loi, pour qu'il ne puisse pas profiter d'un legs que son auteur aurait pu faire à un étranger : la reconnaissance aura même en ce cas ce résultat, qu'elle permettra aux enfants légitimes de faire réduire la disposition dans les limites des articles 756 et suivants du Code civil ; que le conjoint pourra également, si une libéralité lui a été faite, la conserver toute entière sans avoir à supporter une réduction par la réserve de l'enfant naturel ; Attendu, qu'étendre la disposition de l'article 337 aux legs faits à l'enfant naturel, c'est sortir des termes de cet article qui ne dénie l'effet nuisible qu'à la reconnaissance, c'est-à-dire aux droits que la recon-

naissance emporte avec elle ; Que, aussi bien
l'article 908 du Code civil, qui règle la capacité de
recevoir des enfants naturels, ne rappelle pas les
dispositions de l'article 337, et n'impose à leur
capacité d'autres limites que celles qui sont tra-
cées aux articles 756 à 766 du Code civil. — De
tout quoi, il résulte que l'enfant naturel n'est pas
incapable de recevoir un legs de l'auteur de la
reconnaissance. »

L'enfant naturel reconnu au cours du mariage
peut donc recevoir des libéralités entre vifs ou
testamentaires de l'auteur qui l'a reconnu, au
même titre qu'un étranger, mais à la condition
que les libéralités entre-vifs ne dépassent pas la
part *ab intestat* de l'enfant naturel, et les libéralités testamentaires, celle de l'enfant légitime le
moins prenant (art. 908 nouveau) (1).

Si, pour une cause quelconque, l'enfant légitime
ou le conjoint survivant ne venaient pas à la
succession, l'article 337 se trouvant sans application, l'enfant naturel reconnu pendant le mariage exercera ses droits vis-à-vis des autres
héritiers sous les restrictions de l'article 908.

___

(1) Contra Campistron, *op cit.*, p. 68.

CHAPITRE CINQUIÈME

De la réserve de l'enfant naturel

Nous avons vu dans le chapitre précédent, dans quelle mesure les père et mère de l'enfant naturel peuvent augmenter par des libéralités la part que les articles 758 et 759 lui attribuent dans leur succession. Nous allons examiner maintenant si l'enfant naturel peut être privé au gré de ses père et mère de sa part héréditaire, c'est-à-dire s'il a le droit à une réserve.

Sous le régime du Code civil aucun texte ne reconnaissait formellement une réserve à l'enfant naturel. Quelques auteurs, s'appuyant sur le silence du Code, enseignaient que l'enfant naturel n'avait pas droit à une réserve, puisque le législateur l'avait passé sous silence dans l'article 913 du Code civil (1). Mais ils avouaient en même temps que leur raisonnement les conduisait à une injustice : « Après avoir établi, dit M. Laurent, que d'après la rigueur du droit l'enfant naturel n'a pas de réserve, nous avouerons volontiers qu'il doit en avoir une en vertu de la loi naturelle qui sert de fondement à la réserve des enfants légitimes (2). »

MM. Baudry-Lacantinerie et Colin s'excusent en quelque sorte, de trouver des arguments juridiques pour défendre une aussi mauvaise cause (3).

La majorité des auteurs et la jurisprudence admettaient au contraire l'existence d'une réserve au profit des enfants naturels et de leurs descendants (4).

Cette opinion était fondée sur le texte de l'article 757 qui attribuait à l'enfant naturel une

---

(1) Zachariae, § 689.

(2) Laurent, t. XII, n° 40.

(3) Donations et Testaments, t. I, n⁰ˢ 706 et s.

(4) Demaute, t. III, n° 76, et t. IV, n° 47. — Dalloz, Rép. v° succession, n⁰ˢ 306 et s., et supplém., n° 177. — Toullier, t. III, n° 104. — Marcadé, sur l'art. 914, n° 3. — Duranton, t. VI, n⁰ˢ 309 et 313. — Troplong, t. II, n° 771. — Aubry et Rau, t. VII, n° 686, p. 230. — Demolombe, t. XIX, n° 149. — Huc, t. VI, n° 145. — Baudry-Lacantinerie et Wahl, t, I, n° 677. — Cassation, 26 juin 1809, S. chronolog., 15 mars 1847, D. 1847. I. 138. — 29 juin 1857, D. 1859, 1. 26. — C. de Paris, 26 août 1872, D. 1873. 2. 118. — Contra : Rouen, 3 Juillet 1820, D. Rép. v° succession, n° 307.

quotité de la part héréditaire qu'il aurait eue s'il eût été légitime et assimilait par conséquent, à la quotité près, le droit de l'enfant naturel à celui de l'enfant légitime. Ces droits étant de même nature devaient être assurés par la même sanction.

Mais l'argument le plus sérieux en faveur de cette théorie était fourni par l'article 761 qui disposait : « Toute réclamation leur est interdite (aux enfants naturels), lorsqu'ils ont reçu, du vivant de leur père ou de leur mère, la moitié de ce qui leur est attribué par les articles précédents, avec déclaration expresse que leur intention est de réduire l'enfant naturel à la portion qu'ils lui ont assignée. — Dans le cas où cette portion serait inférieure à la moitié de ce qui devrait revenir à l'enfant naturel, il ne pourra réclamer que le supplément nécessaire pour parfaire cette moitié ».

Or, disait-on, si l'article 761 ne permet aux père et mère de réduire leur enfant naturel qu'à la moitié de sa part héréditaire, c'est qu'ils ne peuvent pas le dépouiller entièrement. C'est du reste ce que confirme le second paragraphe de l'article 761 qui autorise l'enfant naturel à parfaire cette moitié en réclamant le supplément, au cas où la donation qui lui aurait été faite serait inférieure à la moitié de sa part *ab intestat*.

L'enfant naturel avait donc droit à une réserve.

Cet article 761 qui avait surtout pour but d'éviter aux parents légitimes le contact de l'enfant naturel et de les débarrasser d'un créancier odieux au moment du règlement de la succession était généralement critiqué. De plus, il avait suscité de nombreuses controverses, et c'est ainsi que la jurisprudence décidait que l'enfant naturel pouvait être réduit par ses père et mère, malgré sa volonté (1), non-seulement à la moitié de sa part héréditaire, mais même à la moitié de sa réserve (2), tandis que la doctrine enseignait au contraire que l'enfant naturel ne pouvait être réduit qu'à la moitié de sa part *ab intestat* et cela de son consentement (3).

Enfin, si on reconnaissait généralement une réserve à l'enfant naturel, l'accord était loin d'exister lorsqu'il s'agissait d'en fixer le montant et de déterminer les biens sur lesquels elle s'exerçait et les personnes qui devaient la fournir.

Il était donc nécessaire de mettre fin à ces con-

---

(1) Cassation, 31 août 1847, S. 1847. 1. 785. — Id. 2 mai 1888. 1. 217.

(2) Paris, 17 janvier 1865, S. 1865. 2. 2.

(3) Demolombe, t. XIV, n° 105. — Aubry et Rau, t. VI, § 605, 3°. — Laurent, t. IX, n° 132. — Baudry-Lacantinerie et Wahl. *Successions*, t. I, n° 681. — Huc, t. V, n° 113.

troverses et de supprimer de nos lois une disposition qui, suivant l'expression de M. Dauphin, n'était « que l'autorisation d'abuser de la misère et des passions de l'enfant pour lui enlever une partie de son patrimoine, et la négation injurieuse des droits des enfants naturels qui se présentent avec leur filiation, et que la famille ne peut ni haïr, ni exclure des partages réguliers (1). »

Lors de la discussion de la nouvelle loi sur les droits successoraux des enfants naturels, la Chambre des députés et le Sénat furent d'accord sur l'abrogation de l'article 761 et sur la nécessité de reconnaître par une disposition formelle, le droit des enfants naturels à une réserve, d'en fixer le montant et le mode de calcul afin d'éviter à l'avenir toute contestation à ce sujet. C'est dans ce but que la loi du 25 mars 1896 a ajouté à l'article 913, le paragraphe suivant : « L'enfant naturel légalement reconnu a droit à une réserve. Cette réserve est une quotité de celle qu'il aurait eue s'il eût été légitime, calculée en observant la proportion qui existe entre la portion attribuée à l'enfant naturel au cas de succession *ab intestat*,

____

(1) J. O. 27 avril 1895, *Doc. Parlem.*, Sénat, 1895, annexe 8, p. 5.

et celle qu'il aurait eue dans le même cas s'il eût
été légitime. »

C'est en nous appuyant sur le texte de ce paragraphe additionnel à l'article 913 que nous allons
examiner les différentes questions qui se rattachent à la réserve.

ARTICLE Ier. — QUOTITÉ DE LA RÉSERVE.

Ainsi que nous le disions ci-dessus, les auteurs
étaient loin d'être d'accord, sous l'empire du Code
civil, au sujet de la quotité de la réserve de l'enfant naturel. Certains auteurs, invoquant l'article 761, enseignaient que cette quotité ne pouvait être nécessairement que de la moitié de la
part *ab intestat* de l'enfant naturel. D'autres, au
contraire, prétendaient qu'elle devait être égale
à la part héréditaire.

La jurisprudence et la majorité des auteurs
s'étaient ralliés à un système analogue à celui
que les articles 757 et 758 consacraient pour la
détermination de la quotité des droits successoraux de l'enfant naturel. D'après ce système, il
suffisait pour la fixation de la réserve, de recher-

cher quelle aurait été la réserve de l'enfant
naturel, s'il eût été légitime et lui en attribuer le
tiers, la moitié, les trois quarts ou la totalité,
suivant les distinctions contenues dans les articles 757 et 758 (1).

Le projet de loi de MM. Letellier, Jullien et
Rivet attribuait à l'enfant naturel une réserve
égale à la moitié de sa part *ab intestat*, mais la
commission de la Chambre des députés modifia le
projet sur ce point et soumit au vote de la Chambre, un paragraphe additionnel à l'article 913,
ainsi conçu : « La réserve appartenant aux
enfants naturels légalement reconnus est fixée à
la moitié de celle des enfants légitimes. » La
rédaction de ce paragraphe était défectueuse, car
il aurait fallu dire « la moitié de ce que cette
réserve aurait été si l'enfant eût été légitime ; »
de plus, d'après ce système la quotité de la réserve
était quelquefois inférieure à celle que la jurisprudence attribuait à l'enfant naturel. Ainsi, un
enfant naturel appelé à recueillir la totalité de la

------

(1) Demolombe, t. XIX, n° 153. — Aubry et Rau, t. VII, § 686,
p. 232, texte et note 5. — Laurent, t. XII, n° 41. — Huc, t. IV,
n° 145. — Baudry-Lacantinerie et Colin, t. I, n° 709 et s. —
Cassation, 15 mars 1847, S. 1847, 1, 178. — Id. 29 juin 1857,
S. 1857, 1, 745. — Paris, 28 août 1872, *Gaz. du Palais*, 1873,
2, 118.

succession *ab intestat*, n'avait droit, d'après le système de la Chambre des députés, qu'au quart des biens, tandis que le système de la jurisprudence lui en attribuait la moitié. Enfin, ce système avait le tort de ne pas faire varier le montant de la réserve, selon la qualité des parents légitimes, avec lesquels l'enfant naturel se trouvait en concours (1). La commission du Sénat repoussa le texte du paragraphe additionnel voté par la Chambre des députés et consacra dans un texte nouveau, qui forme le deuxième paragraphe de l'article 913, le système admis par la doctrine et par la jurisprudence : « Cette réserve est une quotité de celle qu'il (l'enfant naturel) aurait eue s'il eût été légitime, calculée en observant la proportion qui existe entre la portion attribuée à l'enfant naturel, au cas de succession *ab intestat*, et celle qu'il aurait eue dans le même cas s'il eût été légitime. »

Nous allons examiner, comme nous l'avons fait dans le chapitre premier, pour la quotité de la part héréditaire de l'enfant naturel, les fluctuations de la quotité de la réserve, suivant le nombre et la qualité des héritiers qui viennent à la succession, en concours avec l'enfant naturel.

---

(1) J. O. *Doc. Parlem.*, Sénat, 1895, p. 5.

Par héritiers qui viennent à la succession, nous ne comprenons, ainsi que nous l'avons indiqué précédemment, que les héritiers qui viennent réellement à la succession, sans tenir compte des renonçants et indignes, qui, suivant l'article 785, sont censés n'avoir jamais été héritiers (1). La jurisprudence est, il est vrai, fixée en sens contraire (2), mais nous ne pouvons admettre avec elle que la quotité de la réserve soit irrévocablement fixée d'après la composition de la famille au jour du décès. Ce système aboutit à décider que la réserve de l'indigne ou du renonçant, accroît aux héritiers acceptants et à constituer une réserve au profit d'héritiers non réservataires, ce qui est à notre avis un résultat inadmissible (3).

-----

(1) En ce sens : Demolombe, t. XIX, n° 160. — Demante t. IV, n° 47 *bis*, III. — Laurent, t. XII, n° 43. — Campistron, p. 75, n° 100. — Rennes, 10 août 1863, D. P. 1864, 2, 236. — Pau, 26 mai 1865. D. P. 1866, 2, 67.

(2) Cassation. 13 août 1866. D. P. 1866, 1, 465. — Reg. 25 juillet 1867. D. P. 1868, 1, 65. — Aubry et Rau, t. VII, § 686, p. 233, note 6, — Paris, 18 février 1886, S. 1888, 2, 225.

(3) Campistron, p. 75, n° 100.

§ 1. — *Réserve de l'enfant naturel en concours avec des descendants légitimes.*

Pour connaître la quotité de la réserve de l'enfant naturel en concours avec des descendants légitimes il faut rechercher quelle aurait été sa réserve, s'il eût été légitime, puis en prendre la moitié, puisque sa part héréditaire est dans ce cas de la moitié de celle qu'il aurait eue s'il eût été légitime.

Soit un enfant naturel et un enfant légitime. Si l'enfant naturel eût été légitime, sa réserve aurait été du tiers des biens de son auteur, en vertu du § 1 de l'article 913. Etant naturel, sa réserve sera de la moitié de ce tiers ou un sixième.

Soit, un enfant naturel et deux enfants légitimes. En supposant l'enfant naturel légitime, la réserve de chaque enfant légitime eût été du quart, par conséquent, la réserve de l'enfant naturel sera de la moitié du quart ou un huitième.

Quel que soit le nombre des enfants légitimes, la réserve de l'enfant naturel sera toujours de la moitié de celle qu'il aurait eue, s'il eût été légitime (1).

S'il existait plusieurs enfants naturels, il faudrait les considérer tous, simultanément, comme légitimes, ainsi que nous l'avons fait pour le calcul de leur part héréditaire, puis leur donner à chacun la moitié de la réserve qu'ils auraient eue, s'ils eussent été légitimes.

Soit deux enfants naturels et un enfant légitime : La réserve étant des 3/4 des biens du disposant, lorsqu'il laisse trois enfants légitimes, chaque enfant légitime a droit à 1/4. La réserve d'un enfant naturel est donc d'1/8.

Soit deux enfants naturels et deux enfants légitimes : La réserve étant également des 3/4, si tous les enfants étaient légitimes, la réserve de chacun serait de 3/16, la réserve d'un enfant naturel est donc de la moitié de 3/16, soit 3/32.

Mais comment faudra-t-il calculer la quotité de la réserve, si l'enfant naturel se trouve en concours avec des petits enfants légitimes, issus d'un enfant légitime du *de cujus* ? Remarquons tout d'abord, que l'article 758 (nouveau), fixe le

---

(1) Mesnard, *loc. cit.*, n⁰ˢ 168 à 173, p. 276. — Defrénois, n° 166. — Demolombe, t. XIX, n° 161. — Aubry et Rau, t. VII, 686, p. 234 et note 8.

droit héréditaire de l'enfant naturel, en concours avec des descendants légitimes, à la moitié de la portion qu'il aurait eue, s'il eût été légitime, et cela, quel que soit le degré de ces descendants. Par conséquent, le degré des descendants légitimes n'influe pas sur la quotité de la réserve de l'enfant naturel.

Il n'en est pas de même du titre auquel les petits enfants viennent à la succession du *de cujus*.

S'ils viennent à la succession, par représentation de leur auteur prédécédé, ils ne comptent dans le calcul de la réserve que pour la tête de leur auteur qu'ils représentent.

Mais, s'ils viennent de leur chef, par suite de l'indignité ou de la renonciation de tous les enfants légitimes, on ne doit pas en tenir compte pour le calcul de la réserve de l'enfant naturel. En effet, si l'enfant naturel était légitime, il excluerait les descendants des autres enfants légitimes renonçants ou indignes et sa réserve serait dans ce cas de la moitié de la succession (art. 913). Etant naturel, il n'a droit qu'à la moitié de cette moitié, soit 1/4. Quant à l'autre moitié, elle forme la réserve des descendants légitimes.

Connaissant la quotité de la réserve de l'enfant naturel en concours avec des descendants légitimes du *de cujus,* nous avons à rechercher maintenant sur quelle partie de la succession doit être prélevée cette réserve. Faut-il la faire porter uniquement sur la quotité disponible, ou sur la réserve des enfants légitimes, ou proportionnellement sur l'une et sur l'autre? Supposons par exemple que l'enfant naturel se trouve en présence d'un enfant légitime et d'un légataire universel. Si l'enfant légitime était seul, sa réserve serait de la moitié de la succession et le légataire universel recueillerait l'autre moitié. Or l'enfant naturel en concours avec un enfant légitime a droit, en vertu de notre principe, à une réserve de 1/6. Cette réserve doit-elle être prise sur la réserve de l'enfant légitime ou sur la part du légataire universel, ou devront-ils la supporter tous les deux et dans quelle proportion?

Différents systèmes de prélèvement de la réserve de l'enfant naturel avaient été imaginés, avant la loi du 25 mars 1896. Ainsi que le fait remarquer M. Gérard (1) « si la théorie par laquelle la jurisprudence et la doctrine avaient accordé une réserve aux enfants naturels, eût été basée uniquement sur des considérations d'équité et de morale, sans tenir compte des dispositions du Code, ou sans s'appuyer sur ses textes, il aurait

----

(1) Gérard, *op. cit.*, p. 133.

été logique, dans ce cas, de prélever cette réserve uniquement sur la quotité disponible, les légataires du défunt devant être moins favorablement traités que les enfants légitimes; et si la présence d'enfants naturels avait dû nuire à quelqu'un, il eût été certes beaucoup plus naturel qu'elle restreignit seulement les droits des légataires. »

Mais la doctrine et la jurisprudence avaient adopté une théorie en conformité absolue avec les principes du Code civil, théorie que M. Demolombe expose ainsi : « L'enfant naturel devant être, pour le calcul de la quotité disponible et de la réserve, considéré fictivement comme s'il était légitime, il s'ensuit que la réserve doit nuire dans la mesure réduite de sa quotité, à tous ceux-là et rien qu'à ceux-là auxquels sa réserve aurait nui dans une plus forte mesure, s'il avait été légitime (1). »

La loi du 25 mars 1896 n'ayant pas établi un autre mode d'imputation, c'est donc celui-là que l'on doit appliquer encore aujourd'hui.

Ce système conduit à prélever la réserve de

____

(1) Demolombe, t. XIX, n° 168 et s. — Duranton, t. VI, n° 316. Toullier, t. IV, n° 265. — Aubry et Rau, t. VII, § 686, p. 237, et note 16. — Laurent, t. XII, n°s 50 et 51. — Huc, t. VI, n° 146. Baudry-Lacantinerie et Colin, t. I, n° 712 et s.

l'enfant naturel, tantôt sur la réserve des enfants légitimes seulement, tantôt sur la quotité disponible, tantôt sur cette réserve et sur la quotité disponible.

Ainsi, supposons qu'il y a trois enfants légitimes au moins, un enfant naturel et un légataire universel. S'il n'y avait pas d'enfant naturel, la réserve des enfants légitimes étant invariablement fixée aux trois quarts de la succession, par l'article 913, lorsque le nombre des enfants légitimes excède deux, la quotité disponible serait du quart.

En supposant l'enfant naturel légitime, il y aurait quatre enfants légitimes, et leur réserve ne serait toujours que des trois quarts, comme dans le cas précédent ; la quotité disponible étant d'un quart, les trois enfants se partageraient le reste. Par conséquent, la présence de l'enfant naturel supposé légitime, ne nuirait qu'aux enfants légitimes et non au légataire ; c'est donc sur la réserve des enfants légitimes que doit être prélevée la réserve de l'enfant naturel. Le résultat du calcul dans cette hypothèse est le suivant : Réserve de l'enfant naturel 3/32, réserve des trois enfants légitimes 21/32 ; quotité disponible 8/32.

Le même mode d'imputation devrait être suivi dans le cas où il y aurait plusieurs enfants natu-

rels ; leur réserve serait toujours prise sur celle
des enfants légitimes, à condition que le nombre
de ces derniers soit supérieur à deux.

Cet exemple est la condamnation du système
enseigné par Troplong (1), suivant lequel la
réserve de l'enfant naturel devrait être prélevée
sur la masse, comme une dette de la succession,
et par conséquent sur la réserve des héritiers
légitimes et sur la quotité disponible, proportionnellement.

Soit maintenant un enfant légitime, un enfant
naturel et un légataire universel. S'il n'y avait
pas d'enfant naturel, la réserve de l'enfant légitime serait de la moitié de la succession et la quotité disponible de l'autre moitié (art. 913). En
supposant l'enfant naturel légitime, il y aurait
deux enfants légitimes : la réserve serait alors
des deux tiers et la quotité disponible du tiers, sa
présence nuirait ainsi et à l'enfant légitime et au
légataire universel. Par conséquent, la réserve
de l'enfant naturel doit se prélever proportionnellement sur la réserve de l'enfant légitime et sur
la quotité disponible ; d'où : réserve de l'enfant
naturel 2/12 ; réserve de l'enfant légitime 5/12,
quotité disponible 5/12.

---

(1) Troplong, t. II, n° 779.

La même solution doit être admise dans le cas
où il y a deux enfants légitimes, un enfant
naturel et un légataire universel. S'il n'y avait
pas d'enfant naturel, la réserve des enfants légitimes serait des deux tiers, et la quotité disponible d'un tiers (art. 913). En supposant l'enfant
naturel, légitime, il y aurait alors trois enfants
légitimes, et leur réserve serait alors des 3/4 et
la quotité disponible du quart. Sa présence nuirait ainsi aux enfants légitimes et au légataire
universel. Par conséquent, la réserve de l'enfant
naturel doit être prélevée proportionnellement
comme dans le cas précédent sur la réserve des
enfants légitimes et sur la quotité disponible :
La réserve de l'enfant naturel est donc de 3/24 ;
celle des deux enfants légitimes de 14/24, et la
quotité disponible de 7/24.

Dans ces deux derniers cas, la réserve de l'enfant naturel peut être imputée sur la masse de la
succession, d'après le système de Troplong, puisqu'elle doit être prélevée proportionnellement sur
la réserve des enfants légitimes et sur la quotité
disponible. On répartit ensuite le surplus de la
succession comme se serait divisée la succession
s'il n'y avait pas eu d'enfant naturel. Ce mode de
calcul peut être encore employé dans le cas où
deux enfants naturels sont en concours avec un
enfant légitime, mais dès que le nombre total des

enfants est supérieur à trois, il faut reprendre le système de la doctrine et de la jurisprudence.

§ 2. — *Réserve de l'enfant naturel en concours avec des ascendants.*

La part héréditaire de l'enfant naturel dans la succession de ses père et mère étant fixée sous l'empire du Code civil à la moitié de la portion qu'il aurait eue s'il eût été légitime on décidait que sa réserve devait être également de la moitié de celle qu'il aurait eue s'il eût été légitime.

Mais comme d'après l'article 914, les ascendants ont droit à une réserve égale à la moitié de la succession quand il y a des ascendants dans les deux lignes, et au quart seulement quand il n'y a d'ascendants que dans une ligne, cette réserve se cumulait avec celle de l'enfant naturel et la même question se posait que dans le cas de concours de l'enfant naturel avec des descendants légitimes et un légataire universel : sur quelle portion de la succession doit être prélevée la réserve de l'enfant naturel ?

Plusieurs systèmes avaient été imaginés pour résoudre le problème, mais la doctrine appliquait

généralement dans ce cas le mode de prélèvement
que nous venons d'exposer (1).

Y avait-il des ascendants dans les deux lignes,
on raisonnait ainsi : si l'enfant naturel n'existait
pas, la réserve des ascendants serait de la moitié
de la succession et la quotité disponible de
l'autre moitié. Mais en supposant l'enfant naturel
légitime, il excluerait complètement les ascendants, sa réserve serait de moitié et la quotité
disponible de moitié encore. Par conséquent, sa
présence ne nuirait qu'aux seuls ascendants et
c'est sur leur réserve que doit être prélevée la
réserve de l'enfant naturel.

N'y avait-il d'ascendants que dans une ligne,
on disait de même : Si l'enfant naturel n'existait
pas la réserve des ascendants serait du quart de
la succession et la quotité disponible des trois
quarts. En supposant l'enfant naturel légitime,
il excluerait les ascendants, et réduirait la quotité
disponible à la moitié de la succession. Sa présence nuirait donc aux ascendants et au légataire
universel, sa réserve doit en conséquence être

____

(1) Demolombe, t XIX, n° 177. — Aubry et Rau, t. VII, § 686.
— Laurent, t. XII, n° 52.

supportée par moitié par les ascendants et par le légataire universel (1).

Ce système d'une application très simple lorsqu'il n'y avait qu'un seul enfant naturel, avait donné lieu à de nombreuses difficultés dans les cas où il en existait plusieurs. La jurisprudence refusait du reste d'en sanctionner les conséquences en décidant que la réserve des ascendants devait être prélevée sur la quotité disponible lorsque ces derniers se trouvaient exclus de la succession par l'institution d'un légataire universel (2).

La loi du 25 mars 1896 ayant augmenté la quotité de la réserve des enfants naturels, il aurait pu arriver que la réserve des ascendants fut absorbée par le prélèvement de celle des enfants naturels. Dans certains cas cette réserve pouvait même être inférieure à la réserve des enfants naturels. En effet, la réserve de deux enfants naturels eût été d'après l'article 913 du Code civil de 6/12 ou de la moitié de la succession, ce qui est la réserve maxima des ascendants. La réserve de trois enfants naturels eut été des

---

(1) Demolombe, t. XIX. n° 176 et s. — Aubry et Rau, t. VII, p. 128 § 686, texte et note 18. — Laurent, t. XII, n° 62. — Baudry-Lacantinerie et Colin, t. I, n° 715.
(2) Amiens, 23 mars 1854, D. P. 1857. 2. 5.

9/16, c'est-à-dire supérieure à la réserve des ascendants. D'autre part si on avait admis le cumul
des deux réserves au détriment de la quotité
disponible, elle se fut trouvée dans quelques cas
inférieure au quart de l'hérédité, c'est-à-dire inférieure à la plus petite quotité disponible admise
par le Code civil ; quelquefois même le total des
deux réserves aurait dépassé l'actif de la succession, par exemple quand il y aurait eu trois
enfants naturels et des ascendants dans les deux
lignes (1).

Nous avons vu au chapitre premier que le projet
primitivement voté par la Chambre des députés,
attribuait aux ascendants en concours avec des
enfants légitimes dans la succession *ab intestat*,
l'usufruit de la moitié de cette succession. Cet
usufruit constituait pour eux une réserve.

Le Sénat refusa de réduire les ascendants à un
usufruit et leur accorda le quart de la succession
en pleine propriété (article 759 nouveau).

Quant à la réserve des ascendants en concours
avec des enfants naturels, elle a été réglée ainsi
qu'il suit par le nouvel article 915. « Lorsque, à
défaut d'enfants légitimes, le défunt laisse à la
fois un ou plusieurs enfants naturels et des
ascendants dans les deux lignes ou dans une seule,

---

(1) Binet, *Revue de l'Enregistrement*, 1898, t. VII, p. 13.

les libéralités par actes entre-vifs ne pourront excéder la moitié des biens du disposant s'il n'y a qu'un enfant naturel, le tiers, s'il y en a deux, le quart s'il y en a trois ou un plus grand nombre. Les biens ainsi réservés seront recueillis par les ascendants jusqu'à concurrence d'un huitième de la succession, et le surplus par les enfants naturels. »

La réserve des ascendants est donc désormais invariablement fixée à un huitième de la succession quelque soit leur nombre et la ligne à laquelle ils appartiennent, c'est-à-dire à la moitié de leur part *ab intestat*.

La quotité disponible, est de la moitié de la succession, lorsque les ascendants sont en concours avec un enfant naturel ; du tiers, lorsqu'ils sont en concours avec deux enfants naturels, et du quart lorsqu'ils sont en concours avec trois enfants naturels ou plus.

Pour déterminer la réserve des enfants naturels, il faut donc raisonner ainsi : S'il n'existe qu'un seul enfant naturel, la quotité disponible est de la moitié de la succession et la réserve « globale », c'est-à-dire destinée à satisfaire les enfants naturels et les ascendants, suivant l'expression de M. Henry, de l'autre moitié (1). De

____

(1) P. Henry, *loc. cit.*, n° 18, p. 334.

cette moitié, il faut retrancher le huitième de la succession pour constituer la réserve des ascendants ; ce qui reste, soit 3/8, forme la réserve de l'enfant naturel.

S'il existe deux enfants naturels, la quotité disponible est du tiers de la succession et la réserve globale des 2/3 : La réserve des ascendants est d'un huitième ou 3/24 et celle des enfants naturels de 2/3 moins 1/8, soit 13/24.

S'il existe trois enfants naturels ou davantage, la quotité disponible est du quart de la succession et la réserve globale des 3/4. La réserve des ascendants est d'un huitième, et celle des enfants naturels des 3/4 moins 1/8, soit 5/8.

Ce système, d'une application très simple, a de plus l'avantage de faire cesser les controverses sur le point de savoir quelle partie de la succession doit supporter la réserve des enfants naturels.

Les auteurs sont cependant d'accord pour regretter que le Sénat n'ait pas cru devoir adopter le système primitivement voté par la Chambre des députés, et que la nouvelle loi ait fixé la réserve des ascendants à une portion aussi minime que le huitième de la succession. En effet, lorsque le *de cujus* laisse deux ascendants, la réserve de chacun n'est plus que d'un seizième, ce qui, dans la plupart des cas, ne sera pas suffisant pour assurer leur subsistance. Cette réserve peut-être même encore plus réduite, par suite du legs que le *de cujus* ferait à son conjoint de l'usufruit de la réserve des ascendants, en vertu de l'article 1094 du Code civil.

Plusieurs sénateurs frappés par cette situation regrettable faite aux ascendants en présence d'enfants naturels, avaient proposé d'augmenter la quotité de leur réserve. Le ministre de la justice était également d'avis d'adopter le système de la Chambre des députés, lorsque la quotité disponible avait été léguée à l'enfant naturel. Mais le système le plus logique fut celui que M. Thézard proposa au Sénat, dans la séance du 22 mars 1895 (1): La réserve fixée par l'article 915 était maintenue, mais on créait en faveur des ascendants une pension alimentaire à prendre sur la succession, comme la loi du 9 mars 1891 l'avait déjà fait au profit du conjoint, « de sorte qu'en dehors de leur part *ab intestat*, de leur part de réserve et, au cas où elle serait insuffisante pour assurer leur existence, les ascendants auraient droit à une pension alimentaire qui ne serait pas due par les enfants naturels personnellement, mais qui serait prélevée sur la succession

---

(1) J. O. 23 mars 1895, *D. P.*, Sénat 1895, p. 230.

elle-même dans les conditions de l'article 205. »

Le Sénat refusa de prendre l'amendement de M. Thézard en considération, sous le prétexte « qu'accorder à l'ascendant une pension alimentaire, prise sur la succession, c'était modifier ce que le Sénat avait déjà décidé sur la réserve et faire échec au droit de tester du père naturel. C'était, en outre, créer un lien légal entre deux personnes que l'article 757 déclare étrangères l'une à l'autre (1). »

La réserve des ascendants a donc été conservée, telle que l'article 915 l'avait fixée, ce qui est d'autant plus regrettable qu'aucun lien de parenté n'existant entre l'enfant naturel et les père et mère de ses auteurs, les ascendants n'ont même pas la ressource de demander une pension alimentaire, alors que ce serait leur droit, s'ils étaient en présence de petits-enfants légitimes.

§ 3. — *Réserve de l'enfant naturel en concours avec des frères ou sœurs ou des descendants légitimes de frères ou sœurs.*

La loi du 25 mars 1896 n'ayant pas fixé la

____

(1) Discours de M. Dauphin. — Séance du 22 mars 1895, Sénat 1895, p. 231.

quotité de la réserve de l'enfant naturel lorsqu'il se trouve en concours avec des collatéraux privilégiés du *de cujus*, on peut se demander si ce cas doit être régi par l'article 913 ou s'il doit l'être par l'article 915.

La plupart des auteurs enseignent que l'article 915 étant une disposition spécialement édictée pour le cas du cumul de la réserve des ascendants et des enfants légitimes, ne peut être étendu en dehors de ses termes, et ne doit par conséquent pas recevoir son application dans l'hypothèse que nous envisageons.

C'est donc au principe général posé par l'article 913 qu'il faut recourir et déterminer la réserve de l'enfant naturel ainsi qu'il suit : Un enfant naturel en concours avec des collatéraux privilégiés a droit aux trois quarts de la succession. S'il était légitime, sa réserve serait de moitié de la succession, étant naturel, il a donc droit aux trois quarts de la moitié, soit trois huitièmes.

S'il y a deux enfants naturels, la réserve de ces enfants sera égale aux trois quarts des deux tiers, soit six douzièmes ou à la moitié de la succession.

S'il y en a trois ou un plus grand nombre, la réserve des enfants naturels sera des trois quarts, soit neuf seizièmes de la succession.

M. Campistron reproche à ce mode de calcul d'attribuer à l'enfant naturel, en présence de frères ou sœurs ou descendants d'eux, héritiers non réservataires, une réserve moindre que celle à laquelle il a droit en présence d'ascendants. En effet, il la fixe pour deux enfants naturels aux 6/12 seulement ou 12/24, tandis que l'article 915 leur donne les 13/24. Pour trois enfants naturels ou un plus grand nombre, aux 9/16, tandis que d'après l'article 915, ils ont droit aux 10/16 ou 5/8. « Un tel résultat, dit M. Campistron, ne peut avoir été dans la pensée du législateur. L'enfant naturel ayant les mêmes droits héréditaires, que ses père ou mère aient laissé des ascendants ou des frères ou sœurs ou descendants de frères ou sœurs, il est logique de penser qu'il a entendu se référer à la même disposition, à l'article 915, pour fixer dans les deux hypothèses sa part de réserve (1) ».

A notre avis, ce système est en contradiction absolue avec les termes de l'article 915, qui ne prévoit que le concours d'ascendants avec l'enfant naturel. De plus, que fait M. Campistron du huitième de la succession réservé aux ascendants ? Il l'ajoute à la réserve de l'enfant naturel, en

---

(1) Campistron, *loc. cit.*, p. 79, n° 111.

sorte qu'il attribue à l'enfant naturel la réserve globale et lui donne ainsi une réserve égale à celle d'un enfant légitime. Or, ce résultat est manifestement contraire aux intentions du législateur qui a fixé le droit héréditaire de l'enfant naturel en concours avec des collatéraux privilégiés aux trois quarts de la portion qu'il aurait eue s'il avait été légitime (art. 759), et sa réserve à une quotité de celle qu'il aurait également eue s'il avait été légitime (art. 913).

Nous avons supposé jusqu'ici que les collatéraux venaient effectivement à la succession, mais une question assez délicate se pose lorsque les collatéraux sont exclus de la succession par l'institution d'un légataire universel. Faut-il, dans ce cas, calculer la réserve de l'enfant naturel comme s'il venait seul à la succession, ou faut-il, au contraire, tenir compte de l'existence des collatéraux exclus ?

La majorité des auteurs et la jurisprudence décident que l'on doit tenir compte pour le calcul de la réserve, de tous les héritiers que laisse le *de cujus* au jour de son décès, qu'ils viennent ou non à la succession (1).

---

(1) Cassation, 13 janvier 1862, D. P. 1862, 1, 142. — *Id.*, 7 février 1865, D. P. 1865, 1, 49. — *Id.*, 20 avril 1875. D. P. 1875,

Cette opinion, conséquence très logique du système d'après lequel la part héréditaire et la réserve de l'enfant naturel sont définitivement fixées par l'état de la famille, au jour du décès du *de cujus*, est également acceptée par la plupart des auteurs qui refusaient de tenir compte des indignes et des renonçants, pour le calcul de la part héréditaire et de la réserve de l'enfant naturel.

Sans doute, disent ces derniers, la renonciation ou l'indignité font perdre aux héritiers renonçants ou indignes, leur qualité d'héritier, mais il n'en est pas de même dans le cas ou des héritiers sont exclus de la succession par l'institution d'un légataire universel. Ils conservent leur titre d'héritier malgré cette institution ce qui leur permet de venir à la succession, lorsque par suite de la caducité du legs, le légataire universel ne peut en recueillir le bénéfice.

Pour notre part, nous n'acceptons pas plus cette opinion dans le cas d'exclusion des héritiers non réservataires, par suite de l'institution d'un

1, 487. — Paris, 2 décembre 1872, D. P. 1872, 2, 116. — Douai, 28 avril 1874, D. P. 1875, 2, 43. — Aubry et Rau, t. VII, § 686, p. 233, note 6. — Demolombe, **t.** XIV, n° 55. — Contra : Laurent, t. XII, n° 44. — Gérard, p. 145. — Campistron, p. 80, n° 114.

légataire universel, que nous ne l'avons acceptée dans le cas de renonciation ou d'indignité.

Nous ne tenons compte, en effet, pour ces divers calculs, que des héritiers qui viennent réellement à la succession. Peu nous importe qu'au jour du décès, l'héritier exclu par un légataire universel conserve le droit d'exercer les actions en nullité auxquelles le testament peut donner lieu et qu'il puisse venir à la succession si le legs est caduc. La seule question que nous nous posons est la suivante : L'héritier exclu par un légataire universel, vient-il à la succession, lorsque le légataire a accepté le legs et lorsque ce legs n'est pas caduc ? Evidemment, non ; comme le renonçant et l'indigne, il est censé n'avoir jamais été héritier et on ne doit pas en tenir compte pour le calcul de la réserve.

En conséquence, l'enfant naturel, en présence d'un légataire universel et de collatéraux non réservataires, a droit à une réserve égale à celle qu'il aurait eue s'il avait été légitime, c'est-à-dire à la moitié de la succession.

Deux enfants naturels auront une réserve égale aux deux tiers, et trois enfants naturels ou plus auront une réserve égale aux trois quarts de la succession.

Suivant l'observation très juste de M. Campistron, cette solution trouve un solide appui dans

la loi du 25 mars 1896 elle-même, qui permet à
l'enfant naturel de recevoir, par testament, sa
part héréditaire, dévolue aux frères ou sœurs, et
qui refuse au légataire universel le droit de critiquer les donations excessives qui lui sont
faites (1).

§ 4. — *Réserve de l'enfant naturel en concours
avec des ascendants privilégiés du défunt, des
frères et sœurs ou des descendants légitimes de
frères ou sœurs.*

Lorsque l'enfant naturel se trouve en concours
avec les père et mère du défunt, des frères et
sœurs ou des descendants légitimes de ces derniers, c'est évidemment d'après l'article 915 que
sa réserve doit être déterminée.

Cet article attribuant aux ascendants en concours avec des enfants naturels, une réserve
égale au huitième de la succession, la réserve de
chacun des ascendants privilégiés sera d'un seizième de la succession. La réserve de l'enfant

____

(1) Demolombe, t. XVIII, n° 160 ; Mesnard, n° 178, p. 280
et 281.

naturel sera égale à la moitié de la succession diminuée du huitième, soit trois huitièmes et la quotité disponible quatre huitièmes. Comme les collatéraux privilégiés ne sont pas des héritiers réservataires, ils pourront être privés de leur part héréditaire par l'institution d'un légataire universel, qui recueillera à leur détriment toute la quotité disponible.

Lorsque le défunt ne laisse, outre son enfant naturel et des collatéraux privilégiés, que des ascendants autres que ses père et mère, ces ascendants non privilégiés étant exclus de la succession *ab intestat* par suite de la présence des frères et sœurs, n'ont pas de réserve dans ce cas, puisqu'ils n'ont pas de droits héréditaires (1). La réserve de l'enfant naturel devra donc être calculée d'après l'article 913 comme si le défunt n'avait laissé que des collatéraux privilégiés.

Si les frères et sœurs sont exclus de la succession par l'institution d'un légataire universel, l'enfant naturel ne se trouvant en concours ni avec des ascendants, ni avec des collatéraux privilégiés, a droit à une réserve égale à celle qu'il

-----

(1) Demolombe t. XIX, n° 116 et s. — Paris, 11 mars 1867 et Cassat. rej. 22 mars 1869, D. P. 1869, 1, 431. Contra : Demante, t. IV, n° 50 *bis*.

aurait eue s'il avait été légitime, c'est-à-dire à la
moitié de la succession.

Toutefois, la jurisprudence décide que les ascendants peuvent réclamer leur réserve, lorsque les
collatéraux privilégiés renoncent à la succession (1). Dans ce cas, c'est l'article 915 qui doit
être appliqué et la réserve de l'enfant naturel
n'est plus que des trois huitièmes de la succession.

Il en serait de même dans le cas où les collatéraux privilégiés auraient été exclus pour indignité, les renonçants et les indignes étant censés
n'avoir jamais été héritiers, l'enfant naturel
viendrait à la succession en concours avec les
ascendants et les réserves seraient déterminées
en observant la règle posée par l'article 915.

§ 4. — *Réserve de l'enfant naturel lorsque le
défunt ne laisse ni descendants, ni ascendants,
ni collatéraux privilégiés.*

D'après le nouvel article 760, les enfants naturels en présence de collatéraux non privilégiés,

______

(1) Cassation, 22 mars 1869, Sirey, 1870, 1, 9.

ont droit à la totalité de la succession. Leur droit
héréditaire est donc égal à celui des enfants légitimes. Par conséquent, en suivant le principe de
l'article 913, leur réserve doit être égale à celle
des enfants légitimes, c'est-à-dire de la moitié,
des deux tiers, ou des trois quarts de la succession suivant le nombre des enfants naturels.

ARTICLE II. — RÉSERVE DES DESCENDANTS LÉGITIMES DE L'ENFANT NATUREL.

La loi du 25 mars 1896 a reproduit textuellement l'ancien article 914, mais en le plaçant
comme troisième paragraphe à la suite de l'article 913.

Ce paragraphe est ainsi conçu : « Sont compris
dans le présent article, sous le nom d'enfants, les
descendants en quelque degré que ce soit. Néanmoins ils ne sont comptés que pour l'enfant qu'ils
représentent dans la succession du disposant. »

Il est bien entendu qu'il n'est question ici que
des descendants légitimes, puisque seuls ils ont
un lien de parenté avec les père et mère de leurs

auteurs. C'est exactement ce que dispose le nouvel article 761 en matière de succession *ab intestat*.

Ces descendants légitimes ne sont comptés pour le calcul de la réserve que pour l'enfant qu'ils représentent, qu'ils viennent à la succession par représentation ou de leur chef. On admet généralement en effet que ces mots « qu'ils représentent » signifient « qu'ils remplacent, dont ils sont issus » ; autrement le fils du défunt pourrait renoncer à la succession afin de faire arriver ses enfants à sa place et afin d'augmenter ainsi le montant de la réserve, ce qui est inadmissible (1).

------

(1) Rouen, 12 février 1887, D. P. 1889, 2, 181. — Baudry-Lacantinerie, *Précis de Droit civil*, t. II, p. 185. — Demolombe, t. XIX, nº 77. — Baudry-Lacantinerie et Colin, t. I, nº 704.

CHAPITRE SIXIÈME

Dispositions transitoires.

La loi du 25 mars 1896 ayant accordé à l'enfant naturel des droits de réserve supérieurs à ceux qu'on lui reconnaissait sous le Code civil, il était nécessaire de déterminer si cette loi serait applicable aux libéralités faites antérieurement à sa promulgation et si on devrait les réduire dans les limites de la nouvelle quotité disponible. Il fallait également régler la situation de l'enfant naturel qui aurait reçu du vivant de ses père et mère la moitié de sa part héréditaire, avant la nouvelle loi, et décider s'il pourrait invoquer l'abrogation de l'ancien article 761 pour recueillir dans leur succession la totalité de sa part héréditaire.

La Chambre des députés, se conformant au

principe de la non-rétroactivité des lois, avait voté un article ainsi conçu : « Les enfants naturels légalement reconnus au jour de la promulgation de la présente loi ou leurs descendants, pourront demander l'exécution des prescriptions qui s'y trouvent édictées pour toutes les successions qui s'ouvriront postérieurement à la date de cette promulgation. »

Cette disposition fut repoussée au Sénat comme inutile, puisqu'il était admis que la loi qui règle la qualité et les droits des héritiers est celle en vigueur au moment de l'ouverture de la succession ; mais la Commission du Sénat décida que l'article 761 continuerait de recevoir son effet pour les libéralités faites en conformité de cet article, antérieurement à la promulgation de la nouvelle loi, afin de ne pas léser des droits acquis « et comme de droit commun, les règlements de successions s'opèrent, suivant la législation du jour où elles s'ouvrent, la moitié à laquelle l'enfant naturel aura pu être réduit, devra être calculée sur les quotités nouvelles des droits héréditaires fixées par les articles nouveaux 758, 759 et 760. »

M. Demôle combattit vivement cette disposition et proposa de rétablir le texte voté par la Chambre, en y ajoutant le paragraphe suivant : « L'enfant naturel qui, antérieurement à cette promulgation, aura reçu une attribution de biens dans les termes de l'article 761 du Code civil, pourra toujours, nonobstant toutes conditions contraires, réclamer, sauf imputation, le montant de ses droits, tels qu'ils sont établis par la présente loi, dans les successions ouvertes postérieurement à ladite promulgation. »

M. Dauphin, rapporteur, repoussa l'amendement de M. Demôle, au nom de la commission du Sénat, comme contraire au principe de la non-rétroactivité des lois (1). Suivant M. Dauphin, lorsque l'enfant naturel avait reçu d'un de ses auteurs la moitié de sa part héréditaire dans les conditions de l'article 761, il s'était formé entre l'enfant naturel et son auteur, un véritable contrat : Contrat, si l'enfant naturel avait donné son consentement ; contrat encore, s'il l'avait refusé, car la loi suppléait alors à la volonté de l'enfant naturel. Le père s'étant dessaisi, l'enfant naturel a eu la jouissance des biens, par conséquent, il n'y a pas à revenir sur le contrat ainsi formé, malgré l'abrogation de l'article 761, car en matière de contrat, la loi n'a pas d'effet rétroactif et c'est toujours la législation en vigueur **au**

____

(1) J. O. 27 avril 1895, annexe 8, p. 6.

moment où la convention a été passée qui doit être appliquée.

M. Demôle, de son côté, niait que l'attribution de biens de l'article 761 fut un véritable contrat ; ce n'était, en effet, ni une donation, ni une transaction, puisque la jurisprudence décidait que le père pouvait se dispenser du consentement de l'enfant naturel pour le réduire à la moitié de sa part héréditaire, et qualifiait cette opération « d'acte de l'autorité paternelle (1) ». Par conséquent, ce n'aurait pas été violer les règles adoptées en matière de contrats, que d'attribuer un effet rétroactif à la loi du 25 mars 1896 en ce qui concerne la disposition de l'article 761.

Malgré les efforts de M. Demôle, le Sénat adopta la disposition transitoire rédigée par sa commission et ainsi conçue : « Toute réclamation sera interdite à l'enfant naturel, lorsqu'il aura reçu du vivant de ses père et mère, avant la date de la promulgation de la présente loi, la moitié de ce qui lui est attribué par les articles 758, 759, 760 et 761 précédents, avec déclaration expresse de la part de leur père ou mère que leur intention est de réduire l'enfant naturel à la portion qu'ils lui

---

(1) Cassation, 31 août 1847 ; Metz, 27 janvier 1853, D. P. 1854, 2, 252.

ont assignée. Dans le cas où cette portion serait inférieure à la moitié de ce qui devrait revenir à l'enfant naturel, il ne pourra réclamer que le supplément nécessaire pour parfaire cette moitié. »

Lors de la deuxième délibération au Sénat, M. Franck-Chauveau déposa l'amendement suivant, destiné à conserver pour le calcul de la réserve, au cas de donations faites antérieurement à la loi nouvelle, les anciennes dispositions du Code civil : « La présente loi ne pourra modifier les droits résultant de donations entre vifs ou d'institutions contractuelles antérieures à ladite loi (1). »

M. Franck-Chauveau soutenait, en effet, avec la majorité des auteurs, que la réserve se déterminant d'après la loi en vigueur au moment où se fait la donation, le donataire acquérait à cette époque un véritable droit auquel une loi postérieure ne pouvait porter atteinte.

La commission du Sénat proposa un paragraphe additionnel diamétralement opposé, ainsi conçu : « En ce qui concerne le calcul de la réserve des enfants naturels, la présente loi sera applicable à toutes les libéralités faites antérieurement

____

(1) Séance du 21 juin 1895, J. O., *Doc. Parlem.*, p. 660.

à sa publication. » La commission s'appuyait sur ce principe que la donation crée un droit, mais que ce droit est subordonné à la condition qu'au moment de l'ouverture de la succession du donateur, il ne portera pas atteinte à la réserve.

M. Dauphin qui avait précédemment soutenu contre M. Demôle le principe de la non rétroactivité des lois soutint contre M. Franck-Chauveau le principe contraire et fit adopter ce second paragraphe par le Sénat, malgré la contradiction qu'il présente à notre avis avec le premier paragraphe des dispositions transitoires.

La loi du 25 mars 1896, en conservant à l'article 761 son effet pour les libéralités faites en conformité de cet article, antérieurement à la promulgation de la nouvelle loi, n'a pas tranché les controverses auxquelles il avait donné lieu sous l'empire du Code civil. Cependant, comme le le législateur de 1896 a déclaré à maintes reprises, consacrer les résultats acquis, c'est aux décisions de la jurisprudence qu'il faudra s'en rapporter pour résoudre les difficultés qui pourront encore se présenter.

Vu :
Le Président de la Thèse,
E. BINET.

Vu :
Le Doyen,
E. LEDERLIN.

Vu et permis d'imprimer :

Nancy, le 30 mai 1899.

Le Recteur,
GASQUET.

TABLE DES MATIÈRES

Imprimerie administrative, L. Kreis, rue Saint-Georges, 51.